教育に「希望」をつむぐ教師たち

「感動ありがとう」
教師の知恵と自覚に学ぶ

前田勝洋 著

黎明書房

プロローグ　「希望」をつむぐ教師たちとの出会い

先日、私よりも少し前に退職されたN元校長先生にお会いしました。現役でご活躍されていた頃と、少しもお変わりにならない元気なお顔を拝見して、とても懐かしさがこみ上げ、話に花が咲きました。

Nさんとは、たくさんのことを話したのですが、私の心に強くひびいたのは、「私は一市民に戻って、外から学校を見る立場になったのですが、なんとなく学校に元気がないというか、先生方が自分の実践に自信が持てないというか、遠慮がちな教師の姿勢に残念さを感じます。

もちろん、今の親やマスコミ・地域も学校現場にうるさいですから、出る杭は打たれる式のバッシングもあるかもしれませんね。でも、それをはね除けるくらいの信念のある教師がいてもいいのではないかと思います。

考えてみれば、かつては○○の鬼と言われるような部活動に燃える教師とか、××の虫と言われて、特異な知識や技能を発揮する教師がいたのですが……。今はそういう教師が育たないような状況が学校を取り巻いているのでしょうか」という話でした。

「学校に鬼や虫のような教師がいなくなった」というNさんの言葉が、深く私の心に残りました。

文部科学省や地教委は、「特色ある学校づくり」を強く謳っています。にもかかわらず傑物と言われる校長や異彩を放つ教職員はめっきり影を潜めてしまったように思われます。

しかし、ほんとうにそうなんでしょうか。

私も退職してからこの方、多くの学校、多くの教師のみなさんとの出会いの機会を与えていただきました。年間一〇〇余回、各地の学校からのお招きが続いてきました。

あちらこちらの学校を巡って、たしかに、教師のみなさんにとって、あれやこれやと受難な時代を迎えているなと思うばかりです。子どもの自己中心的なわがままさ、夕刻になると引っ切り無しに鳴る学校の電話、……教師のみなさんは、苦情やトラブルにほとほと身を削る思いで仕事をしているのです。

市場原理、自己責任、成果主義などが、息苦しい閉塞感に満ちた現実を生み出しています。あののどかさのある学校はどこに行ってしまったのでしょうか。癒されるような、おだやかな風の流れる学校現場を懐かしむことも多々あります。

ただ、そんな中でも、ハッとするほど健康度の高い学校や、明るく元気に実践活動、学校経営に打ち込む教師のみなさんにも、たくさん出会ってきました。逆境にめげず、ひたすら子どもたちのために、自らの自己実現のために、生き生きと実践する姿に、身ぶるいするほどの感動を得ました。

私は、そんな教師のみなさんや学校を、拝むような気持ちでかかわらせてもらってきたことです。「まだまだ日本も捨てたものではない。こんなにも献身的に、前向きに取り組んでいる教師のみなさんがいるではないか！」と歓喜するのです。ひたすら「希望」をつむぐ教師のみなさんや学校に、大いなる讃歌を贈りたい気持ちでいっぱいです。

このたび、黎明書房の社長　武馬様の強いお勧めで、そんな教師のみなさん、学校を紹介していこうと、この本を上梓しました。

ここに記した教師のみなさんや学校は、あくまで私自身が出会った教師のみなさんであり、私自身のかかわった学校の実践です。きっとこの中に記した教師や学校に匹敵するみなさんが多々おられると思うのです。いやそうあることが、私の強い願望です。

また、その一方で多くの困難な課題やトラブルに直面されている学校や教師のみなさんにとって、本書が、「確かな滋養」となることを願わずにはおれません。ストレス改善に役立つビタミン剤になってほしいと思うばかりです。

どうか、みなさん、明るく元気に、くよくよしてもいい方向に動くことはまずないと思って、歩まれることを切望しています。

盛夏の寓居にて　　前田勝洋

目次

Ⅲ 新しい風が湧き興る学校
―志高く地道な手法で道を切り開く―

目　次

Ⅰ

かしこき教師たちとの邂逅

—逆境にめげず、ひたすら子どもたちのために、自己実現のために—

年間一〇〇余も学校を訪ねていると、ほんとうに健気に、明るく元気に実践活動をしている教師のみなさんに出会います。そうした教師のみなさんを一括りで表現する適切な言葉が見つかりません。

私は、ただただ読者のみなさんにも、そんな「かしこき教師」のみなさんにお会いしてほしいと切望して、この章を起こしました。

きっとそれらの先生は、みなさんを笑顔いっぱいで迎えてくださることでしょう。そしてみなさんにも「教師冥利に尽きるおすそわけ」をいただけるものと信じています。

1

誠実で、誠実で、心底誠実な教師

●「子どもが見えるようになりたい。そのためには子どもを見るんだ！　見つめるんだ！」

1　「さん、君」のついた座席表に出会う

みなさんは、授業の指導案につける座席表をご存知でしょうか。公開授業の前の子どもの実態や「ひとり調べ」を記述したあの座席表です。中には、子どもの名前だけが記入してある「白紙の座席表」もありますね。その座席表の子どもの名前に、「さん、君」をつけた座席表を見たことがありますか。

これから紹介する松井先生は、その座席表に「さん、君」という敬称をきちんとつけているのです。松井先生は四〇代後半の教師です。

座席表は、本来子どもたちが直接目にするものではありません。多くの教師が、座席表に子どもの名前を書く場合は、「さん、君」を省きます。それでも別に失礼な表記の仕方ではありません。

それが普通です。

「なぜ、松井先生は、名前に『さん、君』をつけるのですか」と私はあるときにお聴きしました。彼は、遠くを見つめるように苦笑いをしながら、「実はですねえ」と言って語ってくれました。

一番最初に赴任した学校で、四年生を担任しました。若かった松井先生は、授業中はもちろん、休み時間も子どもの輪の中に入って、遊びやゲームに興じました。そんなときは、子どもの名前を「かつお！」「よしみ！」と大声で呼び捨てにしていました。それを聴いていた千秋さんという女の子が、「家でも呼び捨てにされていないのに」と膨れっ面をしたのです。「遊んでいるときだから」とも思いましたが、確かに子どもたちを下に見て、さげすんでいる自分に気づいたということでした。

「それから、私は子どもたちと約束しました。悪いことをしたときには、呼び捨てにする。でもふだんはみんな『さん、君』をつけて呼びます」と。

これを読んで、「そんなバカな」と思われる方もみえることでしょう。でも松井先生は、そんな男なんです。それからの彼は、日頃の子どもたちの言動を記録した実践簿を含めて、学年会などで、学級のことや授業のことを先生方と談笑するときも、必ず「さん、君」をつける自分にこだわったのでした。つねに子どもを、たとえ小学一年生であろうとも、「人間」として尊重することを意識したのでした。

2　新聞配達をして、教職の免許を取得する

松井先生は、ある国立大学の法学部を卒業しました。卒業してすぐに電気関係の会社に就職したのです。彼の仕事は、契約をとってくる営業畑の仕事でした。来る日も来る日もお得意さん廻りをしながら、契約にこぎつけるのです。そんな仕事の中で、いつも嫌な思いをするのは、談合やなれ合いにも似た取引の裏舞台です。彼は、「こんな仕事に自分の一生涯を……」と思うと、もう嫌で嫌で、とうとう一年三カ月でその会社を辞めてしまいました。

会社を辞めた彼は、少しばかり外の空気をと思って、中国へ行きます。そこで一カ月あちこち放浪する旅をしたのでした。そして、インドネシア、オーストラリア、ニュージーランドと旅は続きました。でも、どうも「自分のこれからの歩むべき道」が見えてきませんでした。

そんなある日、ふと高校の先生に、「松井君、おまえは教師に向いているのではないか」と言われたことを思い出しました。「教師か……そんな人を教えるなんていうことが、自分にはできるだろうか」と自問自答する日が続きました。自信のなさと、やってみたいという気持ちが葛藤していたのです。

日本に帰ってきたのは、すでに春二月になっていました。父親に今の心境を含めて、「教師をめ

ざしたいのだけれど」と話すと、父親は「おれは何も援助してやれないが、おまえが納得できる道を選ぶことには反対しない」と言われたのでした。すでに母親は、彼が一九歳のときに他界されていました。

「教師になる」ことを決意したものの、彼には大きな障害がありました。それは大学のときに、教職の単位を一つも取っていなかったのです。また一から、教職の単位を取らなければなりません。彼は東京へ出ました。そこで、新聞配達の仕事を選びます。専売店に住み込みで雇ってもらい、朝は午前三時に起きて三六〇部の新聞配達、帰ると、それからが彼の勉強の時間です。玉川大学の通信課程に通いながら、死に物狂いの勉強が始まったのでした。夕方また夕刊の配達。それを終えて帰るとまた勉強。でも午後九時には眠らないと、明日の朝三時には起きられません。

「自分でも思うのですが、あんなに勉強をやったことは後にも先にもありません」図書館でやっていて眠りこけてしまうことも度々ありました。でも時間はありません。「この一年が勝負！」ということで、教職の単位取得と教員採用試験の勉強を併行してやっていくしかなかったのです。

3　ゆめの実現——山の小規模校の教師になる

一発勝負の大きな賭けで、静岡県の試験にまず合格しました。「あなたは愛知の試験を受けるようですが、静岡の採用が決まったら、赴任しますか」の面接官の問いかけに、「はい、なります」と答えたのです。しかしその後、愛知の試験にも合格して、お詫びの手紙を出したのでした。「結局、ぼくは静岡の試験官に嘘を言ったことになりました」といまだに苦い思い出としてあると言います。それは松井先生のまさに誠実な姿です。

彼のゆめだった教師の道は、まず山の小規模小学校から出発しました。毎日毎日、教材準備に追われ、子どもが学校にいる間は、遊びや授業でいっぱいで、もうくたくたの日々でした。

「教師という仕事が、こんなにもハードな仕事だとは……」

そう思っても夢中でした。なりたくてなった仕事です。子どもは、ごまかしも嘘もない、あの大人のドロドロした世界とは無縁だと。もちろん、子どもの環境に重くのしかかった矛盾やトラブルに、心を痛めることもしばしばでした。でも、それは子どもと一緒になって動いていると、苦痛だとは思いませんでした。卒業学年を送り出したときに「教師冥利に尽きる」実感を味わったからです。

やがて彼にも異動する時期がきました。私と松井先生の付き合いは、私が現役のとき、まさに異動で、同じ学校に勤務したことから始まります。彼は山の小規模小学校から街中の大規模小学校に転勤してきました。彼には五年生を担任してもらいました。

でも悲しいかな、山の学校の子どもたち、それも少人数での子どもたちに比べて、この学校は一学級の人数が多いうえに、生意気盛りです。彼は、毎日毎日それこそ学校の最終点検簿の点検印がすべて「松井」になっているほど、遅くまで学校に残って仕事をしていました。それでも、彼の誠実さは裏目裏目に出たのです。

学年主任のK先生に、「あんたはけじめがついてないよ。叱るときはビシッとしないとなめられるよ」と言われたり、同じ学年の女性教師からは、「子どものトラブルや苦情には、あなたへの甘えがあるのだから、振り回されてはダメ」ときつく言われたりすることもありました。「同じ学校でも、こんなに違うのか」それは松井先生には異文化体験でした。

4　教師の仕事は、「その子の中に眠っている宝を掘り起こすこと」

「いくらほめたって、認めたって、ベタベタしたかかわりではダメだよ」K先生のその一言に、ハッとするのでした。自分は一生懸命やっていても、その子をほんとうに見ていて、「いいことはいい。いけないことはいけない」と体を張って、本気になってかかわっていくことこそが、教師としての誠実さなんだと思ったのでした。

「子どもが見えるようになりたい。そのためには子どもを見るんだ！　見つめるんだ！」その日から彼は、「子どもの宝探し」をして、学級名簿にその子の言動を毎日毎日それこそあきもせず、書き綴っていきました。そのファイルは、一年で四冊にも五冊にもなったのです。

翌年度、再度K先生と一緒にやや荒れ気味の六年生を卒業させたとき、K先生が、「子どもがあんたのことを慕っていたね。あんたの誠実さが彼らに浸透したいい一年だったな」と肩を抱いたのでした。

それから、松井先生は、また異動で今の学校へ赴任しました。現任校は、授業研究の盛んな小学校です。国語や総合的な学習の実践をみんな目の色を変えて取り組んでいます。彼は焦りました。赴任して参観する授業は、彼の技量をはるかに超えています。

でも、彼は逃げませんでした。「教えてください」と謙虚に申し出て、ベテラン教師に参観依頼をしながら、自分をまな板の上に押し上げていくのです。安易な授業技術の真似に終始するのではなく、あくまで子どもの中に眠っている「よさ（宝）を引き出すこと」を基本に置きながら、自主教材の発掘にも果敢に挑みます。「もうそれでやめておいたら」と言う先輩の声にも、「いえ、まだまだやりたいです」と輝くような表情で言うのです。

「彼のあの謙虚で健気な生き方は、どこから来るのか」松井先生に出会った教師たちは異口同音に言います。でも彼はそれに奢ることなく、子どもとともに歩き、子どもを見届け、その子の成長に心から手を貸す教師であるのです。そしていつも口癖のように「ぼくが教師でほんとうにいいのだろうか」と自分に問いかけるのでした。

2 すべての人と歓びを分かち合う教師

●「子どもたちに、心のふるさとづくりをしてやるような実践がしたい」

1 「見つけ学習」にハマる日々

あれからもう八年も経つのでしょうか。初めて鈴木先生に出会ったのは、鈴木先生の勤務している学校が、「学習指導」で市の研究委嘱を受けた年でした。

新年度が始まってまだ日も浅い頃、私は鈴木先生の学校を訪ねていました。

「子どもたちの学習参加が低いのです。先生方にはやる気もあるのですが……そんなわけで手ほどきをお願いしたいのです」それが校長先生の初めの挨拶でした。

私は、その頃、「授業というバスに子どもたちを乗せよう」というキャッチフレーズで、授業における子どもたちの参加度にこだわっていました。

・目と目を合わせて話し合う、聴き合うアイコンタクトの徹底
・「見つけ学習」（注）という手法によるシンプルな問題解決学習の習得
・ベルタイマーを活用して時間管理をしっかりする

という授業方法を全校で取り組むということです。教科は、主として国語をあげていましたが、鈴木先生の学校では、その担任の選択によって、どんな教科でもよいことにしました。

幸いにも、多くの先生方が、この手法に快い反応をしてくれました。その中の一人が鈴木先生でした。鈴木先生は、図工が専門教科で三〇代後半の女性教師です。でも、それにこだわらず国語でも道徳でも取り組んでいきました。「前田先生、図工の教科でも、ついつい作品づくりへ目がいきますが、実は、『見つける力』がとても大事なんですよ。私とても気に入りました」「見つける力をきたえると、子どもたちの目つきがキラキラしてきて、見逃さないぞ！　という迫力が生まれます。これって、すごいですね。見つけ学習は『魔法の学習』ですよ」笑顔いっぱいで、鈴木先生は、身を乗り出して取り組んでいきました。

鈴木先生のすごいところは、「わからないことがあったら、先生（前田）にメールをしてお聴きしていいですか」という積極性です。彼女のメールはきわめて長い。もう話すがごとく、ありのまま、思いつくままを書きます。私は、それを読みながら、「さすが三〇代の若手女性教師だ。気持

ちいい反応だ」と思ったものです。そんなメールの中には、「前田先生、見つけ学習での『すごいこと見つけ』の『すごいこと』って、不思議さ見つけ、よいとこ見つけ、など、多様であってもいいではないですか?」と自分で見つけ学習を試してみての率直な感想をぶつけてくることもありました。

とかく、私が助言をすることに反発することは、タブーと思われがちですが、彼女は違います。実にあっけらかんとして、わからないことはわからない、変だなと思うことは変だなと動くのです。その身の軽さにたいへん私も納得させられたし、その学校の他の先生方も、同じような動きをするようになりました。

それらのことのあった二年間は、「授業というバスに乗ろう!」を合言葉にして、「見つけ学習」を実践していったのでした。鈴木先生は、子どもたちがバスに乗っている大きな看板を自ら作り、廊下や昇降口に掲げたのです。鈴木先生曰く「見つけ学習にハマった二年間」であったのでした。

2 「心のふるさとづくり」に賭ける

どこの学校でも同じことですが、研究委嘱の発表会が終わると、それっきりになってしまいます。長続きすることは滅多にありません。

ところが鈴木先生は、学校自体の研究実践は終わったものの、「授業というバス」も「見つけ学習」も継続していったのでした。むしろ研究委嘱の時期には思い切ってやれなかった自分の専門教科である図工での実践を試みようとしていたのです。

彼女には、子どもの育ちにかかわって、ずうっと気になっているテーマがありました。それは、「子どもたちに、心のふるさとづくりをしてやるような実践がしたい」ということでした。

「多くの子どもたちが、この先大きくなっていくと、それぞれの家を離れて暮らすようになるであろう。あるときは、北風の吹き荒む中で、生きて行く厳しさを味わうかもしれない。くじけそうになったり絶望的になったりするかもしれない。そんなとき、『心のふるさと』を思い出して、乗り越えていってほしい」それは担任している子どもへの鈴木先生の祈りでもありました。

彼女はその年、三年生を担任していました。鈴木先生の学校のあるT市では、昔から「和紙工芸」が盛んです。「なんとか、三年生の子どもたちに、この和紙工芸に挑戦させたい」「そのためには、今まさに和紙工芸に真剣に取り組んでいる本物の工芸作家に出会わせたい」「作品もチマチマした小さなはがき程度の作品ではなく、大作に挑ませたい」「やる以上、水と植物（コウゾ、トロロアオイ）を変化させて紙すきの材料を作るところから、体験させたい」「紙すきという手法の中に、子どもたちの個々の工夫を生かした実践をしたい」鈴木先生のゆめは、どんどん膨らんでいきました。

彼女の体当たりの積極的な行動力に、教頭先生も心当たりを探して応援してくれます。困難をきわめた本物作家探しも、今を旬にする強力な方が現れました。

こうして一三時間構想の図工単元「わたしのゆめの灯りをともそう」は、実践へと向かったのです。

3 メールによる「実践悪戦苦闘記」の経過報告

私は、彼女のその実践にじかにかかわったわけではありません。しかし、毎日のごとく鈴木先生から「経過報告」がメールで届きます。いつも写真が添付してあります。長々としたメールも興をそそりましたが、それ以上に、子どもたちが写真の中で見せる表情に、この実践活動の本物さを感じたことでした。

『畳二畳分もあるような作品をみんなで掲げている、工芸作家の方もご夫婦で応援してくださっている、ステンドグラスのような和紙のやわらかな色合いに、映える灯り。』

私はただただ驚嘆して、驚きの感想を述べるだけでしたが、彼女は経過報告をしながら、悪戦苦闘記を綴ってきました。和紙工芸の技術を子どもたちが習得するだけではなく、本物作家や多くの方々の支えで自分たちの作品づくりができることを、子どもたちも実感として学んでいったのでした。

その彼女も一〇年間在籍した、抱えきれないほどの思い出を創った学校を去っていく日がきました。

4　多芸、多趣味

彼女は家庭人です。二人の子どもにも恵まれて、母であり、妻であり、教師であるのです。「私はのめり込むタイプです。だからヘトヘトになって、倒れそうになることもあります」「もともと涙もろいというか泣き虫というか……でも発散する別の世界もあって、……遊ぶことも夢中です」と明るく笑います。

彼女は、楽器を演奏することが得意です。気分がむしゃくしゃしているときは、一時間でも二時間でもエレクトーンを演奏したり、バンド仲間で派手なパフォーマンスでの演奏をたのしむことも。また、大のドラゴンズファンです。それも並のファンではありません。家族総出で、服装から七つ道具を揃えてのドラキチなんですね。

もともと美術を専攻したくらいですから、二人の子どもと夫婦でスケッチ旅行をしたり、絵を描く会にも参加したり。いつの間にか、二人の子どもさんも、絵や楽器のとりこになっている始末です。

新しい学年になると、学年テーマを作り、学年テーマソングも子どもたちのアイデアを生かしながら作曲します。新しく転勤して受け持った五年生のテーマは、「WA」（輪、和）に決まり、学年集会をするときは、いつも唱え、学年テーマソングを歌います。

まさに「芸は身を助ける」の世界を行っています。「みんな浅くてダメなんですよ」と鈴木先生は笑いながら言います。それでも親と話していて、同じ歌手のファンであったり、絵本大好きで母親とつながり合えたり、野球の話で父親と意思の疎通が図れたり、ドラゴンズに、子どもたちと一緒になって興じたり。そんな世界を持っていることが、彼女の気分を一新させ、教師生活に打ち込めるよう演出しているのでした。

5 「一」からの出発から「きずな」へ

「学校をかわるとは、こんなにもたいへんだったのか」四月頃の彼女のメールには嘆き節が続きました。萎縮した子どもの表情、反応をしないで下を向いている、あいさつの声が返ってこない、……数え上げればきりがないほどのマイナスの面が見えてきます。

彼女は、こんなとき、すごく落ち込みます。メールは吠えるがごとく続きます。

それが一年を終えた今はどうでしょうか。あの鈴木先生ワールドがちゃんとできあがっているのです。彼女は感激屋です。すぐに涙が出てしまって、子どもたちに慰められているのです。それがまた、子どもや親たちとの距離を縮め「きずな」に替えていくのですね。

「私って、ばか丸出しで、乗っていくのです。恥ずかしさをすっかり忘れて……いい歳して、……」彼女は大笑いしながら、教師という天職をたのしんでいます。

（注）「見つけ学習」について

「見つけ学習」の定義的なことは、黎明書房から出版しました『授業する力をきたえる』で書きました。問題解決学習をシンプル化したやりかたです。詳しく知りたい方は、拙著をお読みください。

学習対象が国語ならば文章事実、社会科ならば資料や見学先の社会事象から、その子の一番気になることを見つけて、それについて、自分の思いを持つ（これが国語の場合は、解釈と呼ばれたり読解と呼ばれたりするでしょうか）ことを大事にした授業法です。

「今から五分間でこの資料（実験）から、すごいなあと思うことを三つ見つけてみよう。そうして一番すごいと思ったことについて、自分はどう思ったかを書こう」と子どもに投げかけることを基本にした学習法です。

「見つけよう！」という呼びかけが、子どものやる気と自覚を喚起することになるようです。

3

「その子には、その子に越えてほしいハードルがある」と言う教師

●「自分を見失っている生徒の力になっていこう」

1　進度表を生かした授業方法

私が初めて山田先生の授業を参観したのは、技術・家庭科の授業でした。中学校一年生の生徒が、木工の授業をしているところを参観しました。この授業を参観したとき、私にはとても印象深い光景がありました。

生徒たちは、本箱を作成していました。その授業が始まると、山田先生は、まず一枚のボードを取り出します。そこには、一〇段階に区切られた本箱の制作の進度表に、そのクラスの生徒の進捗状況を示す名札が、それぞれの段階に添付されています。「さあ、本箱づくりもあと半分の時間を残すのみになっていますね」「今のみんなの進み具合を表してもらったのが、これですね。誰がどこまで進んでいるか、自分はだれと同じ段階になっているか、しっかり見極めて活動に入ってくださ

い」と言って、授業は始まったのです。ある生徒は同じ進度の生徒のところで相談しながら始め、ある生徒はどうしても不具合が生じてしまうところを先に進んだ生徒にアドバイスを受けている、そんな光景が、私にはとても新鮮に映りました。

山田先生は、技術・家庭科の授業は一週間あたりの時間数が少ないので、無駄な時間をつくらないことに気配りをしています。そのためには、誰が今どの段階の工程になっているかを教師として、つぶさに把握しておくことが大事なことですと言います。遅れている生徒に援助をしながら、先に進んでいる生徒が時間を持て余すことなく、さらなる作業や作品づくりに挑むことができるようにするために、この進度表の活用を思いついたのでした。

山田先生は、三年前に、市教委から派遣されてドイツの技術教育の在り方を勉強する機会が与えられました。そのとき、ドイツの技術者養成が、実に価値づけられていて「マイスター」への道が開かれていることに感動したのです。ドイツの高等教育の特質は、大学の門をくぐらなくとも、それぞれの生徒の特性や能力を生かすことができる、特色ある職業訓練機関が制度化されていることでした。さらには、授業自体も、初歩的なことから高度な技術まで習得する課程が、その生徒の創意工夫を生かしながら、綿密に構想されているのでした。

山田先生の「技術科教育への理念や方法」を揺さぶる出会いになったのでした。

2　四二〇番中三三三番の成績

山田先生には、中学校の頃の思い出として、忘れられない出来事がありました。中学校二年生の担任はI先生でした。「今でもはっきり覚えています」と言う彼のその頃の模擬試験の成績は、四二〇番中の三三三番だったということです。I先生は、山田少年を呼んで、「今の成績をどう思っているか」「将来何をめざしたいか」「どういうやり方で勉強するといいか」懇切丁寧に相談に乗ってくれたのです。それは、彼にとって初めて親身になってくれた先生との出会いでした。

「ぼくは幼かったというか、自覚がなかったのですね。先生はそれを心にしみいるような言葉で語りかけてくれました」「ぼくは先生にこんなにも心配をかけていたんだと思うと、がんばるぞと思いましたよ」それから彼は三年生の卒業までには、全校で五〇番以内に入るほどになったのでした。

高校に入った頃、やはり模擬テストでは最下位を低迷する自分の成績に、やっぱり自分には力がないのだとあきらめ気分になることもしばしばあったと言います。でもI先生を裏切れない、I先生の喜ぶ顔が見たい……そんな思いを胸に励んだと言います。それと同時に、「自分もできることなら、自分のような弱い者、できない生徒の味方になれる先生になりたい」と思うようになりました。

しかし、そんな願いとは裏腹に成績は思ったように伸びてはいきませんでした。めざしていた教育大学へも入ることができずに、私立の工業大学へ進んだのです。その頃の日本は、高度経済成長のど真ん中にありました。物づくりを専攻した学生は金の卵のような就職状況でした。それでも山田少年は、「できることなら、教師になりたい」気持ちをあきらめることはできませんでした。一人の学生に八社くらいの求人状況の中で、彼は敢えて受験しても合格するかどうかわからない教員採用試験に挑んだのです。「みんな早々に内定通知書を受け取っていて……ぼくはまだその結果もわからずに不安と焦りがありました。でも、やっぱり教師になりたかった」そんな山田少年の願いをかなえるがごとく、神様は教員採用二次試験に合格の通知を届けてくれたのでした。

3　自分の名前に込められた祖父の願い

山田先生の名前は、「義仁」と言います。「これは祖父がつけてくれた名前です」中国の古典を思い出すまでもなく、「義」や「仁」は、自分には荷が重い名前だと思い続けていました。でも祖父は、「義は、自分の上に、羊を乗せている字だよ。羊は弱い動物だ。そんな弱い生き物を背負う人間になれよ」と言うのでした。

だから、彼はその言葉を肝に銘じて、教師生活を送っていると言います。〈自分にできることは、わずかだ。でも少しでも自分の少年時代のように心の弱さに負けたり、目標を持てずにいたりして自分を見失っている生徒の力になっていこう〉彼が、つねに弱者に目線を合わせて教師という仕事を続けてきた所以です。

山田先生は、二五年間、水泳部の顧問をしてきました。水泳部と言えば、だいたいはスイミングクラブの独壇場になります。冬はプールでの練習ができないこともあって、普通のことをしていたら、とても歯が立ちません。

そんなとき、市内のある中学校が、総合優勝をしたのです。それがスイミングクラブのメンバーの活躍でなったのなら、山田先生をそんなに驚かさなかったでしょう。ところが、その学校の総合優勝はまさに「学校水泳」で勝ち取ったものでした。

「あの学校にやれて、自分がやれないなんて、悔しいし、生徒に申し訳ない」山田先生の負けじ魂に火が付きました。それからは、技術・家庭科の進度表を部活動にも取り入れ、目標をスモールステップにし、ステップアップした生徒には身銭を切ってほめたたえました。また、自転車で四〇分離れた文化広場のプールでの冬季トレーニングを本格化していったのでした。

「水泳部へ来る生徒の中には、陸上部では浮かび上がることのできない生徒も来ます。単純な練習にあきてしまう生徒もいます。メニューを多彩にして、一人ひとりに合わせた練習計画が必要だと、……苦心した日が続きました」それから数年経って、総合優勝を手に入れたのでした。

4　自分の中に生きていること

山田先生がまだ中学生だった頃、「消防自動車」というあだ名の先生がいました。その先生はチャイムがなると同時に授業が始められるように、いつも廊下で待っていました。チャイムがなるとさっと教室に入って授業が気持ちよく始まりました。

また、いつも早く学校に行くと、校門をあけたり昇降口の扉をあけたりしている先生がいました。「なんであの先生は毎日毎日やっているんだろうか」そんなことを思いながらも、山田少年は、その先生を尊敬のまなざしで見ていたと言います。

「そして、自分が教師になったら、絶対そうやりたい……そんなことを思って今も一番早く来て校門をあけたり扉をあけたりしているのです」と。

山田先生に私は、突っ込んで失礼な質問をしました。「あなたは教育大学ではないですよね。そのことで悔しい思いや悲しい気持ちになったことがありますか?」と。

山田先生は、しばらく遠くを見つめるようにして、「それがないと言えばうそになりますよね。でも……彼らは、私よりもずっと成績が高校のときによかったのですよ。その人たちと一緒に仕事ができるのですね」「そりゃあ、企業に就職した仲間の中では、ボーナスを比較したときに、自分がその友だちの半分ももらっていないことに、とうとう自分の額を言えないで退散したこともあります」「でもね、先生、私は教師になって、ほんとうによかったし、後悔をしていません。生徒がどうしたら、くじけずに元気に生きて行くことができるか、そんな仕事にかかわれることは、大きな歓びです」

山田先生の笑顔が夕日に赤く染まっていました。

4

体験的な活動を軸にした自主教材の発掘にかける教師

●「子どもたちが動き出す、あの瞬間がたまらなく好きです」

1 ペデストリアンデッキの学習

木枯らしの吹く季節です。市の中心部の二つの鉄道の駅を結ぶ高架陸橋があります。それをペデストリアンデッキと市民は呼んでいます。そこで、青木先生の担任する四年生の子どもたちが、通りすがりの通勤客や学生たちに、インタビューをしています。

「おはようございます。私たちは小学校の勉強でこのペデストリアンデッキのことを調べています。急いでみえるところをすみませんが」と言って、この橋の使い勝手をそれぞれの子どもの思惑の中で、調べています。青木先生は、ハラハラしながらも、子どもたちの活動ぶりを見守っているのです。

青木先生は、四年生を担任することが決まったとき、総合的な学習として、また社会科の地域教材として、二つの駅を結ぶペデストリアンデッキを取り上げようと、教材を温めてきていました。青木先生は、二つの教科を連携して三〇時間に及ぶ学習活動を思い描いていました。

その学習活動には、主としてペデストリアンデッキの構造を子どもたちに「見えること」から、その使い勝手や景観を含めての役割をつかませていこうとしていたのです。ところが、学習活動は、思わぬ方向に展開していきます。子どもたちは、「自分の目で見つけること」だけにとどまらず、「通っている人の使い心地」を聴いて見たいという方向に発展していったのです。

「四年生の子どもに果たしてできるだろうか」と思いつつも、こんなとき青木先生は、子どもの勢いや「こだわり」を大切に、授業構想を変更したり修正したりしてきました。でも今回は、いままでとは違って心配事がたくさんあります。いままで高学年の学習活動でも施設の人や地域の人たちに聴いたことはあっても、通りすがりの人にインタビューする学習はしていません。ましてや一〇歳の子どもにそんなことができるだろうか、という不安が先に立ちました。そんな悩みを抱えて私にも相談があったのでした。

2 地域教材の発掘にこだわる

今から八年前、青木先生から相談事が持ちかけられました。「前田先生、私今悩んでいるのです。それは、私の学校の周りの心身障害者施設を五年生の福祉の学習としてやるべきか、それとも老人ホームで学習しようか……私としてはせっかくこの学校の近くに障害者の施設があるのでやってみたいと思うのですが」

私は青木先生の表情や言葉から、すでに青木先生の気持ちの中では、障害者施設に子どもたちを出会わせて学習をしたいという熱い思いを、強く感じました。障害者施設の学習は、たぶんいくつかの困難な状況を想定させます。いままで多くの学校では、五年生で行う総合的な学習で、「福祉の問題」を扱う場合、老人ホームや幼稚園、保育園での交流を軸にやっていましたから、その選択のほうが安心といえば安心です。しかし、チャンレジ精神の旺盛な青木先生には、既成の実践を行うことでは、とても納得できるものではないのです。

私は、「青木先生、ぜひとも、障害者施設を取り上げてくださいよ」と言いました。彼女はほっとした顔つきになり、「大丈夫でしょうか」と言います。「まずは何よりも、あなたが相手の施設へ行って、事情を確かめることですね。その手ごたえで判断しましょうか」と言って、その場は終わりました。

三日過ぎた頃、青木先生から電話がありました。「前田先生、ダメでした」その声はかなりショックを受けた力のないものでした。「前田先生に言われて、すぐに校長先生にもお話しして出かけたのですが、相手の方には話も聴いてもらえません。頭から拒否されました」と言うのです。「実は、施設の指導員の方や介助員の方にお願いをするために行ったのです。そうしたら、『あなたの学校の子どもさんたちは、学校帰りにこの施設の子どもたちを見て、バカ呼ばわりをしていくのです。

中には石を投げたりして……この間もガラスに当たってもう少しでケガ人が出るところでした』とお話しになったのです。もう怒ってみえるのです。これでは話にならないなと思って帰りました。三つの施設へ行って、一つはまあ施設見学を受け入れてもいいような雰囲気もありましたが……でも一つだけでは私の学校の五年生の子どもたちを学習させることができません」

私は翌日、学校に青木先生を訪ね、お話をすることにしました。私自身確信があるわけではないけれど、そういう障害者施設が、地域から隔離された状態になっていることは、ほんとうにいいのだろうかと思っていたのです。むしろ「石を投げた」「罵声を発した」子どもたちだからこそ、この学習の意義は大きいと思ったのです。そんなことを話しながら、二人の話は行ったり来たりしました。青木先生は、しばらくの間をおいて「もう一度やってみます。今先生の言われたこともお話ししながら、障害者が肩身を狭くして生きる社会にしてはならない、そのためにも、学習させてくださいとお願いしてみます」と力強く言われました。

その後も、この教材発掘を巡っては、いくつかの制約条件が設けられてしまったのですが、なんとか授業のできる環境が整ったのでした。

3 子どもが変わる体験学習

三つの障害者施設は、きわめて重度な障害者が入所していました。言葉が出ない、奇声を発する、食事や排せつが自力でできない、多動でつねに介助を必要とするなど、子どもでなくとも、尻込みすると、青木先生は思いました。指導員の方々は、子どもたちには施設訪問というよりも、障害者との交流を介助を得ながら、進めることに落ち着きました。多くの制約条件が施設側から示されました。

・子どもたちが、驚いて、そのことから、風評を広げないでほしい。
・障害者の目を見て、子どもたちが逃げたり走り回ったりしないでほしい。
・もともと障害者本人には、交流の意図や願いはわからないから、まずは「ふれあう」ことに限定してほしい。

などの条件が設けられたのでした。それでも私は、青木先生に、「この一歩は大きいよ。まずは交流までたどり着いたことに、とても大きな意義があると思うよ」とねぎらったことでした。

子どもたちと障害者との交流会は、学校側がいくつかの出し物を用意して出かけて行くことによって、企画されました。そうして当日を迎えました。

その交流会の日、青木先生の学級の子どもたちは、あまりの障害の重さに言葉を失うほどでした。表情のまったくない人、鼻水やよだれが流れっぱなしの人、驚くような大きな声を発する人、激しく動き回る人に、子どもたちは固まってしまったのです。交流どころではなかったのです。

「私はもう二度と行きたくない」「気持ちが悪くなってしまった」「顔を見ることができなかった」

などなど、一様に子どもたちの方が驚きを通り越して震えあがる始末だったのです。刺激が強すぎたようだと青木先生は思いました。

そんな中で、青木先生のクラスで一番ガキ大将のA君が、「ぼく、むこうのEさんとお話できたよ」と言ってきたのです。同じようにB君も「ぼくは握手をしてきた」と大喜びで言うのです。それは青木先生にはとても不思議な光景でした。自分の学級で一番そんな環境に馴染めず、相手をバカ呼ばわりするはずのA君やB君が前向きな反応を示したのでした。

障害者施設との体験学習は、意外なところから糸口が見つかり、その後徐々に動き始めていったのです。

その後、この青木先生たちの切り開いた「共に生きる―障害者との交流―」実践は、この学校の五年生の福祉教育の切り札教材になっていったのでした。

4　体験学習の中で実感的な学びにこだわる

私が青木先生に初めて出会ったのは、もう十数年前のことです。その頃、今の学校ではない小学校で、「地域教材にエネルギーをかけている教師がいる」ということで、評判になっていました。私はその学校に招かれて伺いました。私もまだ現役の頃のことです。青木先生の授業で参観した授業は、「自分の通学路を見直そう」「稲作体験を名人に学ぼう」などです。それらは、学校の置かれた環境を生かしたものでした。

青木先生の、そうした「地域教材を使った学習で勝負する」力は、どこで養われたのでしょうか。彼女は、当時市内で志を同じくする教師が集う「社会科自主研究会」に所属していました。まだ自分の子どもも小さかっただけに、時間との闘いであったのですが、何か、刺激を求めて時間をやり繰りして参加したのです。そこで二人の先輩教師に出会いました。その二人の先輩からはそれぞれ違ったことを学びました。H先生は、青木先生が地域教材を発掘してその会に提示すると、「すごいじゃん！　いいよ、これ」と喜んでくださる。U先生には、「子どものこだわりを生かしながら、子どもに寄り添いながら授業をするとはどういうことか」具体的に子どものノートを見ながら教えてもらえる。そんなことが、「よし、やってみよう」と青木先生を後押ししたのでした。

私が見た青木先生は、そんな燃えるようなエネルギーをかけて実践している最中だったのです。ただ、私には、青木先生の授業に、やや教材在りきになっていないか、青木先生の敷いたレールに子どもを乗せ過ぎていないかが気になりましたから、率直に申し上げたのでした。

それからの青木先生のテーマは、「子どもたちが地域教材と悪戦苦闘して、実感的なわかり方をしていく」ことに定まっていったようでした。

その後、今の学校へ来て、もうしっかりベテランの域に入ってきている青木先生です。

「私も教材発掘をするのですが、確たる自信はないのです。でも、子どもたちに寄り添い、支えて行く中で、子どもたちが動き出す、あの瞬間がたまらなく好きです」「ああでもない、こうでもないと学習の作戦をたてて、試行錯誤をしながら、挑んでいく……それはまったく私も同じ次元なんですね。子どもと一緒なんです。そこになんとも言えないワクワク感、高揚感を味わうことができる。子どもってすごいな！　私のほうが子どもに教えられる。そんな感動を味わうことが私に辛うじて教師の仕事を続けさせてくれています」

青木先生の信念のほとばしりを感じながら、私たちは、熱いコーヒーをいただいたことでした。

いよいよ明日は、ペデストリアンデッキのインタビュー学習で何を学んだか、語り合う授業の日です。青木先生は、子どもの成長をワクワク感を持ちながらも、真剣に対峙する覚悟をしているのでした。

5

生徒に「人間の生き方」を問い続ける教師

●「教師生命を賭けて挑むとき、生徒の目覚めがある」

1 「国道419号線の歩道橋と私たちの暮らし」を問う

伊倉先生は、社会科担当の四〇代に突入したばかりの教師です。彼は数年前まで小学校に勤務していました。その頃の彼は、学級担任イコール授業担当ということもあって、多少融通をつけて、社会科の授業を積極的にやっていました。

彼の願いは、子どもたちが、学習対象に多面的に迫り、多角的に考えを煮詰めていく子どもを育てることにありました。

ところが中学校に異動して、彼のやりたい社会科の授業がやれない現実に直面したのです。中学校は、教科担任制であり、裁量のきく時間配慮はありません。そのうえ、中間試験、期末試験と、それぞれの区切りで学習範囲を設定して評価していかなくてはなりません。多くの情熱を持って教科指導に当たろうとしてきた教師たちは、まずその壁の厚さと高さに挫折します。いつの間にか、教科書を教え込む授業に終始します。高校受験も控えていることを直近の目的として、「受験対策」のような授業に終始します。それは、伊倉先生も同じことでした。

それに加えて、生徒にやる気が見られない、教え込みを期待して考えることを面倒がる、何より進度を気にする、など、伊倉先生の描いている授業像には程遠い条件ばかりになるのです。「中学校の授業はそんなもんだ」と割り切ってやることにしてしまえば、それで身軽に教えることも可能でしょう。でも、伊倉先生は、たとえ一単元でもいいから、子どもたちが切実感を持って挑む、多面的、多角的にああじゃないか、こうじゃないかと考えを言い合い、聴き合う授業がしたいと念じてきました。

三年生の公民的分野で、彼は、その一単元に「国道４１９号線の陸橋歩道橋の建設を巡る問題を考えさせたい」と教材構想を温めてきました。

学校から二〇〇メートルのところを通る国道４１９号線は四車線化に伴って、歩行者の安全を守るために、歩道橋を設置する動きが生まれていました。しかし、その設置には、住民の思惑もからんで、必ずしも賛成多数で設置が決まったのではなかったのです。それは今も現在進行形で、問題化されていました。それを自分の教科で取り上げてみたいと思いました。学校全体の理解を得ながら、教材化を急ぎました。一つの公共事業が成立するためには、「対立と合意」「効率と公正」とが行き交います。その実態を生徒のインタビュー学習を軸に、進めていきたいと考えたのでした。

2　講師歴五年の歳月の中で

伊倉先生は大阪生まれです。彼は大学を卒業するとき、「教師になりたい」と強く願っていました。大学生活では迷わず教職単位を取得して、受験したのです。しかし、結果は不合格でした。「今は教員採用氷河期だから仕方がないよ」そんな周りからの励ましとも慰めとも思える言葉に、「講師を続けながら、毎年の試験に挑戦しよう」としたのでした。

ところが、常勤講師で、担任生徒を持って、学級経営や授業をしていると、もう毎日の生活がいっぱいいっぱいというのが現実です。それに加えて彼は、講師であっても、「教師のやりがい」に夢中になったのです。いきおい受験対策はおろそかになりました。

次の年も、また次の年も不合格が続きました。周りの同僚の講師の中には、晴れて合格通知を手にしていく人もいました。彼の気持ちにはただならぬ焦りが渦巻いていました。

四年目に、愛知に来ました。愛知へ来て講師を相変わらず続けながら、受験対策をしていったのでした。先輩教師からは「教師になりたくて、勉強を続けている人には、必ず吉報が来るから、がんばれよ」と励まされましたが、五年目は、とうとう常勤講師を辞めて、非常勤講師をしながら、受験一本に絞りこみました。

その年、努力の甲斐あって、とうとう念願の二次試験合格通知を受け取ったのです。

今思い出すと、「この五年は長かったです。おれはもしかしたら、このまま永久に受からないのではないか」という恐怖感に襲われたこともしばしばでした。でも子どもたちと授業をしたり学級づくりをしたり、部活動に汗を流していたりすることは、大好きでした。「仕事」以上の歓びがわいてくるのでした。

彼は翌春、小学校の新任教師として、赴任したのでした。

3 「授業の仕方を教えてください」

新任教師として赴任して、二年間はあっという間に過ぎました。授業がおもしろかったということよりも、児童会活動を任されたり、部活動でサッカーの顧問を任されたりして、充実した日々だったと彼は回顧します。いや授業は、教科書を教えていけばいいんだと思って、軽く考えてなんとかその場を過ごしていました。

三年目の春、教頭先生に女性の林先生という方が赴任してこられました。授業実践にたいへん堪能な方だという評判です。伊倉先生は、かなり嫌な気分になっていました。自分の苦手なことをきつく指摘されるのではないかと恐れている気持ちがあったのです。

でも不思議なことに、歓送迎会のときに、「教頭先生、これまで授業に真剣に取り組んでこなかったので、授業の仕方を教えてください」と自分から言ってしまったと言います。なんでそんな気持ちになったのか、今でもよくわからないと苦笑して言います。

次の日から教頭先生は、伊倉先生の教室に必ず来られるようになりました。教室の後ろに腰掛けて、じっと授業を参観されます。授業後には、その授業についての具体的な指摘がなされていきます。あるとき、「伊倉先生、明日の国語の授業は、こんなやり方でやってみてくださいな」と指導案らしきものを手渡されました。そこには、授業の初めに何をするか、途中でどんな発問をするかが具体的に書いてあります。伊倉先生は、「はい」と返事をして、ただ教頭先生のロボットのようにやるだけ。ところが、授業をそのとおりにやると、子どもたちが目の色を変えてやるではありませんか。なんでそういう子どもたちになるか、それは伊倉先生には皆目見当もつきません。「だまされたと思ってやってみることよ」と言われる教頭先生の神通力なんでしょうか。伊倉学級の授業は見事に変身していったのでした。

あるとき、教頭先生が、「あのね、前田先生という人がみえるけれど、一度あなたの授業を見てもらおうと思うんだけれど、いいかしら」と言われます。伊倉先生には、それがどんなことかはわかりませんが、「はい、やります」とここでも一つ返事でしてしまったのです。当日は、六年国語「宇宙からツルを追う」授業の一場面を、全校参観の中で公開したのでした。あとの協議会では、参観者からいっぱい賛辞の声が寄せられて……彼は戸惑いを感じながらもかなりいい気分になって、授業公開した充実感を味わっていました。

「あの頃、ほんとうにぼくは授業のなんたるかが、わかりませんでした。第一話し合い聴き合いの授業と言っても、ピンとこなかったです。でもいままで下を向いていたり授業参加していなかったりした子どもたちが、生き生きして授業で挙手することは、自分でも『これが授業というものか』と目からうろこでしたね」

それから三年間、彼は、職場全体の授業実践への高まりの中で、中心的な存在になっていったのでした。「何が何だかわからなかったけれど、教え込むことだけが授業ではないのだ、子どもたちの考えを引き出すのだと思うようになりましたね。みんな教頭先生に教えてもらいたくて、先を争って授業を見てもらったり、授業後の話し合いに参加したりしていました。忙しいという気持ちはなかったです。むしろ充実感でいっぱいになり、やっと授業実践がおもしろくなってきましたね」伊倉先生は、懐かしむように語るのでした。

4　本気で授業にも学級づくりにも部活動にも向き合う

中学校へ転勤した一年目は、戸惑いの連続であったと言います。「中学生はほんとうに自分を正当化する反面、冷めた視線を投げて……生意気盛りの口答えを平気でします。何事にも積極性に欠けていますが、タバコを吸ったり、バイクに乗ったりといった、反社会的な行動には多分に関心を持っています。何を言っても反応なしには、さすがにぼくも疲れ果てましたよ」それが彼の一年目の悪戦苦闘だったようです。

そしてたどり着いたのは、結局「学級づくりだ」「子ども一人ひとりとのかかわりだ」ということでした。それは小学校では当たり前のようにやっていたことです。せめて自分の学級ではそういうやり方でやってみようと、二年目を迎えたのでした。

彼の学級にC君というヤンキーがかった生徒がいました。口は達者ですが、支離滅裂、学級の中での煙たい存在というか、生徒のことばを借りれば、「うざい」存在な生徒がいました。その彼も社会科の授業だけは、なぜか関心を持って意見を言ったり資料を調べたりします。そこで唯一伊倉先生は「つながっている」ことを感じていたのです。〈少しは彼もオレの手の内に入ってきたかな〉と思ったことでした。でも相変わらず言動不一致もはなはだしく、学級のもめごとの火元は彼にありました。

彼らが三年生になって、冒頭に記した実践を社会科でやり始めた頃、その一方で合唱コンクールが行われようとしていました。みんな合唱コンクールには燃えるものを感じていました。でもC君は相変わらずそんな学級の雰囲気をぶち壊しにする言動をしばしばするのです。

伊倉先生は社会科の授業をつぶしてまでして、その問題で急きょ話し合いを持ったこともありました。

あるとき、そんな状況が再度生まれたのです。そのとき、ふだんはおとなしい女の子が、「あんたはあれこれ言うけれど、そのあんたが一番協力的でないではないの！」と怒りました。それは伊倉先生にも予期せぬ出来事でした。一斉に女子生徒が加勢に出ました。学級が一つになった瞬間でした。

国道419号線の授業は、その後、次第に生徒がほんとうに納得するかどうかで、しのぎを削る授業になっていきました。それは中学校の授業にありがちな「わかった、できた」という次元ではない、市民意識と行政との問題を自分に引きつけて考えさせることになっていったのでした。

ある生徒は終盤の授業で「多数派の意見に従って丸く収めることでは、反対派の嫌な気持ちは消えないと思う。必要かどうか、歩道橋があってほしいかどうかは、個人によって異なってしまうことだ。それをまとめるのは難しいし、現実は工事が進んでいる……『公共の福祉』の意味もわかるけれど、そういう問題じゃないような気がして」とつぶやきました。それは、生徒の次元に問題が迫ってきたことであり、やっと切実感を持って問題に迫る姿勢が生まれてきたと、伊倉先生は、心から思うのでした。

伊倉先生は言います。「授業でも学級づくりでも、教師が本気になって、時には阿修羅と化して、自分の教師生命を賭けて挑んでいくとき、生徒の目覚めがある」「でもそれは確信的な見通しの中でやるのではありません。もう一途なんですね。自分のありったけの気持ちをぶつけるしかないのです。後は野となれ山となれかもしれません」

6

子どもたちが、ムキになる授業を求め続ける教師

●「乗客である子どもたちの意見に従って
ハンドルを握るようになりました」

1　一八年前の出会い

坂元先生と出会ったのは、彼が三〇代にも満たない一八年前に遡ります。坂元先生の勤務していた学校が研究指定になりました。私にも、「助言指導をお願いします」という、校長先生の声かけで、その学校にかかわることになりました。

坂元先生の学級を初めて参観したとき、実に学級経営がたくみになされていると直感しました。それはその学級に入ったときに、肌で感じる何かです。彼は、「子どもたちが、ムキになって挑む授業がしたいのです」と熱く語ってくれました。私も望むところです。よくその学校に指導に入るとき、その学校の教師たちが、「貪欲に学ぼう！」という姿勢を見せるのは、訪問していても気分のいいものです。ついつい自分も力が入ります。

その頃、坂元先生は、教材の展開の仕方を工夫して、子どもをムキにさせる工夫をしていました。

私も彼に「大仏の実物大の絵を巨大な模造紙に描いて、子どもたちに大仏造りを実感させたら」「農業の今後を展望する授業をするために、天気予報に見たてて『農業予報をしよう！』と働きかけてみましょう」と彼と共に、授業づくりをたのしんでいました。

彼の口癖は、「おもしろそうです！　やってみます」「わあー、こちらも興奮しますね、その考え方は」と実に目を輝かせて教材発掘に夢中になります。それに加えて彼は、単なる鵜呑みにするのではなく、それを自分の学級において具体化することに堪能であったのです。

・子どもたちに挙手するときに、「はい、はい」と言わせない。
・とにかく教師はまず子どもの発言をしっかりキャッチングする。そのためには、大きく「なるほど、そうか」とうなずくこと。
・子どもが発言をするためには、挙手する参加が増えて行くまで待つこと。
・授業は「終わり方」が重要。授業終了一〇分前には着陸態勢を。

こうした授業の進め方を実に素直に実践化していくのです。私も「教え甲斐がある」と思うばかり。

研究発表会当日の授業公開にも多くの参観者を得て、それはそれは集中度の高い、子どもたちがムキになって学ぶ授業を展開していったのでした。

2　進路指導に悪戦苦闘して学んだこと

それから、しばらくして、彼は中学校へ異動しました。私との音信もしばらくは途絶えていましたが、あるとき、彼のいる学校から授業研究をしたいので、ぜひとも先生来てくださいという、要請がありました。その学校に坂元先生がいることは知っていただけに、彼が中学校でどういう実践活動をしているか、たのしみにして出かけました。

当日は、彼は授業公開をしませんでした。ただ、彼とは二言三言話したのみです。「前田先生に教えてもらったのに、なかなか中学校で苦戦しています」彼は申し訳ないような顔つきで言います。その日はそれまででした。

二年くらい経った頃、彼と話す機会がありました。

「前田先生、悪戦苦闘していますよ。なかなか思うようにあの頃のような授業ができなくて……」彼は会うと真っ先にそのことを口にしました。私も中学校の経験がありますから、彼の心中はよくわかります。「教育は授業だけがすべてではないから」と私。「でも先生、やっぱり授業で勝負する教師というか学校教育でなければいけないですね」一度子どもたちが熱中した授業を味わった教師の渇望の声です。

それでも彼は気を取り直して、「ただ、今ぼくは進路指導主事をしているのですが、生徒の進路に関わる仕事をしていて、考えさせられることが多々あります」「無情にも希望する進路を否定するような助言をして生徒のやる気を萎えさせてしまう辛さも味わいました」それは誠実な彼の正直な思いであると私は思いました。それでも彼は、ハッと思い出すように、次のようなエピソードを語ってくれました。

ある生徒がまあまあの成績で推移していたのに、母親が病気で入院したことから、家の中がゴタゴタして、成績が下降気味になっていきました。いろいろ勉強の方法をアドバイスしたり、相談事に乗っていたりしましたが、一向に改善しませんでした。そして保護者を加えて三者懇談会が持たれたのです。その保護者会には、体調を崩されていた母親がみえました。

母親は、本人も希望しているということで、「高等専門工業学校への進学」を強く希望していました。でも彼の内申点は、到底その学校の合格基準に達していません。坂元先生は、その実態を包み隠さず伝えました。母親は、「私の命に代えても彼を希望の学校へ進めてやりたい」と懇願するような真剣な顔つきで言われました。青白い母親の顔から火が噴き出しているような形相でした。その生徒もいつになく真剣でした。

それから彼は猛烈に勉強をして、やがて見事に合格したのです。坂元先生も母親に電話をして共に歓びをわかちあったのです。それからしばらくして、母親から長い長い手紙がきました。「やっと親のまねごとをして子どもを支えてやれた」満足感と安堵感が綿々と綴られていたのです。そして驚くことに一カ月後、その母親は他界されたのでした。

彼は思うのです。「私の立場は進路指導の担当です。でもそれは進路を判定する仕事ではないのだなということを、この母親に学びました」「その子の希望を拓いていくための支えをどうしていくか、それは真剣に仕事をすることです」「その子の母親は、まさに命に代えてわが子を育てたのです」いつの間にか、坂元先生の目から熱いものがあふれていました。

3　シンプル・イズ・ベストで授業実践する

七年間中学校で勤務した彼は、また小学校へ異動していきました。「中学校では、世の中に直面する厳しさや、生徒が大人の仲間に加わる不安定な時期の難しさを学びました。それを糧に改めて小学校の子どもたちに向き合います」彼の七年間の体験を無駄にしないぞという決意を聴いたとき、私は新しい坂元実践が始まる予感がしたのです。

私も彼と初めて出会った一八年前とは、授業に対する考え方も、ずいぶん変化してきています。教師の勤務は多忙を極めて、自己責任や成果主義が覆いかぶさり、さらには保護者のクレーム、マスコミのバッシングに、多くの学校は、信頼を失いかけていたのです。学級崩壊や「教師の指導が入らなくなった」ことが、「普通の学校で起きる」事態になっているのです。

私も昔のように、とことん教材研究をしてとことん授業構想を練って授業をするほど、現場には余裕がなくなってきていることを認識しています。私は次第に、「教育実践の日常化」を考えていました。一年に一回非日常的な深い重い単元を一緒に学ぶことは、理想であるけれども、それ以上に、毎日「ちょっと無理してがんばる」授業づくり、学級づくりを模索していたのです。それが「見つけ学習での授業法」であり、「学習規律を軸にした学級経営の根気強い実践」です。そして何よりも、学校の教師集団が、みんなそれぞれの「我流での取り組み」ではなく、「学びの共同体」としての実践経営をしていくことです。学校の中がバラバラの教師集団では、どうにもなりません。それぞれの教師が、ゆるやかなしばりの中で、学校経営に参画していく意識が求められます。

そんなことを坂元先生に話すと、「ほんとうにそう思います。保護者からの信頼を失うことも、怖いことですが、何よりも子どもたち、生徒たちから信頼されない教師では今はダメですね」とうなずきます。私は、「単純なことでも、教師同士が互いの授業や学級経営で根気強くやっていくことだよね。シンプル・イズ・ベストの姿勢が重要だ」と力説したことでした。坂元先生は、それに大きくうなずき、「先生の指導でまた一からがんばってみたいです」と言うのでした。

4　全員参加の授業実践を「根気強く」

坂元先生の赴任した学校は、いのちの教育に力を入れていました。そのために学級経営にまず良好な人間関係を築くこと、学級が子どもたちにとって、居場所のある自己実現のできる場であることなどを意識して全校で取り組んでいました。そこに、私の願っている「全員が授業というバスに乗って」を取り上げ、「見つけ学習」の手法をみんなで学ぼうとしていました。

いくらシンプル・イズ・ベストと言っても、言うほど簡単なことではありません。シンプルなことを根気強くやることが求められます。坂元先生は、同僚と一緒になって、自分の学級の授業を公開します。理屈を優先する授業経営ではありません。あくまで互いの教室を「ひらき」、学び合う教師集団になっていくことです。でも独りで歩くのではありません。同僚と力を合わせて歩む道です。

「私が、学んできたことの一つに『教えようとしないこと』という考え方があります。授業の中で本時の目標がありますが、以前は、それをなんとか達成したいという願いを強く持って、授業に臨んでいました。そのために綿密な授業計画を立て、そのレールの上を子どもを走らせるような授業を行っていました。子どもたちは活発な話し合いをし、一見『全員バスに乗っている』かのような授業なのですが、授業者の運転は乱暴で、乗客である子どもたちは、必死に座席にしがみついているのが現状でした。思えば、教師の自己満足の授業でした」「しかし、再び前田先生と出会い、見つけ学習を実践する中で、レールに乗せた授業が、子どもや教師にとって、味気ないものであることに気づいていきました。今では、子どもに『教えよう』という気持ちはありません。むしろ乗客である子どもたちの意見に従って、運転者である自分はハンドルを握るようになりました」

「昔、子どもたちがムキになって取り組む授業を求めてきました。あのときは、そのための教材発掘に汗を流しました。今もそれを基本にしますが、今はそれに日常的な学習規律や学習方法の習得を、地道にやることをとおして、なんとかやりがいのある教師生活をしたいと思っています」坂元先生の顔つきに、教師というこの道を地道に歩んできた、ひたむきさがにじんでいました。

7 学級崩壊したクラスを立て直す、明るさ元気さ一番の教師

●「今の自分に教えられることは、学ぼうとする姿です」

1 学級崩壊した子どもたちを担任する

「私の学校に黒田先生という女性教師がいます。前田先生のことを私が話したら、ぜひとも指導を受けたいと言うのですよ。来ていただけませんか」それは六月のまだ梅雨入り前の朝でした。私が、愛知教育大学附属岡崎小学校の在職時代に、同じ学年を組んだ竹内先生からの電話です。彼も今は小学校の校長をしていました。

「黒田先生は、私の学校で核になって、精進している教師です。今年は格別難儀な学級を担任してもらっていますが、この十一月に市内全体の研究会があります。そのときに、黒田先生が、私の学校を代表して授業公開をしてくれるのです」「ところが、その黒田先生が担任している子どもたちが一筋縄ではいきません。去年学級崩壊をしている学年なんですね。今は四年生ですが、三年生のときに学級崩壊状態だったのですよ」

私は竹内校長先生との電話はたいへん懐かしいものでしたが、「学級崩壊した学級で授業公開をする黒田先生」という言葉が、耳の底にこびりつきました。「いったい黒田先生という教師は、どんな女傑なんだろうか」「なんでまた私に声をかけてきたのだろうか」と思いをめぐらしていました。

やがて黒田先生からも長いメールがきました。「私は三河の教師ではありませんが、自分が小中学校の子どもの頃育ってきたのは、三河の山奥であること」「附属岡崎小学校のような子どもに寄り添う授業づくりに強い関心があること」「今の学級は、学級崩壊をしていて、ハチャメチャな段階からスタートした学級だからこそ、前田先生に指導を受けたいこと」を書いてきました。

私は、世の中にはすごい教師がいるものだと思いました。学級崩壊して毎日が戦場のような教室で授業づくりにも専念できず……ただ子どもとの関係を少しでも前向きなものにしていくために、骨身を惜しまず努力しているその「黒田先生とやらに会ってみたい」と思うようになりました。

2　授業参観で見た黒田先生のすごさ

やがて黒田先生の学級を参観するときがやってきました。十一月の市内の研究発表会には、黒田先生の学級と六年生の学級が公開の予定になっていました。九月の初めだったでしょうか、黒田先生の授業を参観しました。いや正確に言うと、「学級崩壊した子どもたちのいる教室を参観に行った」ということでしょうか。

授業の始まる前に、教室に行きました。確かに四年生でありながら、どこか喧騒な雰囲気が飛び交っていました。子どもたちの言葉が乱暴であること、男子の子どもたちが女子よりもはるかに多いクラス編成であること、とにかく落ち着きがなく、無駄口をしたり、よそ事をしていたりする子どもの多いことなど、ほんとうにこれでは黒田先生もたいへんだ！　と思ったことです。

やがて授業が始まります。国語の説明文「伝え合うこと」の授業です。まず本読みを音読します。でも声が小さい……読んでいない子どももいます。それでも黒田先生は、読むことに参加している子どもの頭をなでながら、「がんばっているよね」「すごいよ」「いい声の出し方だ」とほめたたえ、認めながら、机間指導をしています。

授業は、音読した段落から、「伝え合うもの」を見つける学習をしていきました。子どもたちの挙手はまばらです。先ほど休み時間にはあれほど大きな罵声が飛び交っていたのに、うそのように静かというか冷ややかというか……それは私が授業者であったら、耐えられないほどのシーンとした空気が流れている教室です。

でも黒田先生は、子どもたちの顔つきを見ながら、ていねいに子どもの稚拙な発言を掬いあげていきます。そこには、先生自身のイライラ感はありません。実に笑顔です。にこにこ顔で子どもの手の上がるのを待っていたり、ぼそぼそと発言するのを受け止めていたりするではありませんか。私は、「すごい教師だな黒田先生は」と思いました。

3　研究授業で自信を持つ子どもたち

十一月の市内全体の授業研修会は、教室ごと場所を中学校に移動して行われました。子どもたちは、あの九月に参観した授業とは比べものにならないほど、一生懸命がんばりました。多くの子どもの音読も冴えていましたし、発言の物言いにも自信が出てきています。何よりも、「お友達の発言に耳を傾ける」姿が、子どもらしさを表しています。

ただ深まりがあったかというと、物足りなさもありましたが、あの九月に参観した学級だとは到底思えません。

その後の授業分析は、参観者の参加型ワークショップ方式で行われました。参観者の中には、過去の子どもたちやこの学級の質を知らない教師もたくさんいます。だから、当然ながら、厳しい意見も出てきました。

私は、当日の助言指導で、「四月当初の黒田先生の悪戦苦闘ぶりというか、混乱した教室の風景と九月に参観した授業の質と、この日に参観した授業の三つを比較しながら、子どもの成長に願いを込めて、逆境にめげず励んできた黒田先生の実践」を紹介しました。

それは誰でも腰が引けてしまいそうな、荒れた状態から、「授業が成立するようになった今の教室」を讃えたのです。まさに三つの点をつないで黒田学級を見たとき、明るく元気で、したたかなワザを駆使して、子どもたちを育んできたことを思うのでした。

4　前向きで、屈託なく生きる、「生き抜く力」を

私は、竹内校長先生が、退職されてからも、黒田先生の要請で学校を訪問しました。それは、彼女が、どんなときも「一生懸命なんだ」ということを身にしみて感じるからでした。ついつい応援したくなるのです。

「私は高校生の頃、ずっと下を向いて生活をしていました。とくに英語の授業は苦手で、その時間のなんと苦痛なことかと思い続けてきました」「私は教育大学へ行ったわけでもありませんし、ほんとうにひょんなことから、教員になったのです。もともと体育が専門で、中学校の免許しかなかったのですね」「それが初め赴任することに決まっていた学校は、中学校だったのですが、別の小学校で急に辞める人が出たということで……急きょ小学校の教員になって……」「私の人生設計は、無計画の連続です。でもなぜか、自分の小学校は山の中だったのですが、……あの山の学校でいっぱい体験的な学習をして、冒険して、遊びまくって……、思い出をいっぱいつくってくれた小学校の先生には、とても感謝していると同時に、今度は自分がお返しをする番だと思ってやってきました」

彼女は去年学校を異動しました。彼女はどこに行っても、じっとしていることができません。仲間をつくって学び合うことを「教師の当然の義務」だと思っているのです。彼女は言います。「今の自分に教えられることは、学ぼうとする姿です。自分は学んでいることが好きだから、笑顔にな

るのです。人とちょっと違うことを、私がやってみて、それを伝えたら、きっと子どもも先生も応援してくれる、仲間になってくれる、そんな気がしています。逆境にめげず、明るく元気にやっていれば、子どもも先生も必ず応援してくれる、仲間になってくれる」とはにかみながら言います。

黒田先生は、「生きる力」よりも、「生き抜く力」こそ大事と言います。

「今、私たちの周りの大人も子どもも、『たのしく生きる』ことを求めて、お金がほしい、自由がほしい、テストができなくてもいい、自分のことがわかってくれる友だちが少しいるだけでいいと、平気で言うのです。だからこそ、学校は今、歯を食いしばって『人が人間になるところだ』と肝に銘じたいと思います」と彼女は語ります。

黒田先生の考える「生き抜く力」は、「向上力、行動力、公共力」です。教師たちの仕事は、あらんかぎりの知恵を使って、そのことを子どもたちに学校生活で体験させることです。

・向上力…もっと賢くなりたい、できるようになりたい
・行動力…やってみたい、やらなくてはならない
・公共力…みんなが幸せ、人が好き、自分が好き

「苦しくとも、大事なことだと思うことは続けようではないか、他人からどう言われようが、今

やらなくてはならないことを、あなたの感性を貫いて挑みましょう。それこそが素晴らしいことなんだよ」と子どもたちに伝えようとしています。

黒田先生のそんなメッセージは、黒田先生の生き方そのものです。きょうもまた、明るく元気いっぱい、がんばっています。

8 「察知する力」を育て、独創的な実践をする教師

●「いさぎよく言語化して、自分の意思や願いを表現できる子にしたい」

1 「自由発言」で授業を進める

外山先生はベテランの域に入っている女性教師です。彼女の授業を私はいままで三回ほど見ました。その授業の進め方は、いわゆる「自由発言」方式で進められます。このやり方は、子どもたちが本時の課題に即しながら、今、そのときに話題になっていることについて、あるときは「つなげて」、あるときは「違った角度」から切り込む方法です。それを実は「子どもが行う」のです。

つまり誰かの発言に対して、意見を持っている子どもは立ち上がります。立ち上がるということは、「私には言いたいことがありますよ」というポーズです。ところが、一つの発言に対して、数名、ときには十数名の子どもが一気に立ち上がることもあります。

普通こういう授業では、発言の指名権は教師が持っています。でも外山先生の学級では指名権なるものはありません。もちろん番外編で、教師が意図的に指名することはあっても、ふだんは「子

ども任せ」です。

そんな場合は、子どもたちは自分が言いたいという反面、譲り合いをします。このあたりの授業の雰囲気は、「外山学級独特なもの」と言っていいでしょう。なかなかうまく文章では伝えられません。「進んで言いたい」という子どもと、「では譲ります」がうまくかみ合って、授業はさりげなく進みます。

外山先生は言います。「子どもたちは、発言することが優先ではなくて、まずは聴く姿勢がしっかり身についていないと、この授業には乗れません。自然に子どもたちは、『聴く姿勢』を意識します。そして、今が自分の出番だと意識できるかが大きな決め手になります」

外山先生の話を聴いていると、「察知する力を持つ」子どもに育てたいということがよく出てきます。この「察知する」ということは、あとでも書きますが、外山流の人間の生き方の大事な能力です。いや、能力というと単純なひびきですが、「気遣い、心くばり、思いやる、見通す」などのさまざまな人間としてのわきまえとして、この社会に生きて行く子どもたちの大切な武器になると言います。

授業は、子どもたちのまさに主体的な自由発言方式で進められます。新しい学級になって、二カ月もすると完全に学級は、この自由発言での外山ワールドになります。「なぜ外山先生は、このやり方にこだわるのですか」と問うと、彼女はさりげなく「私がらくだからですよ」とケロリとして言います。「らく?」私はその挑発的な言葉に戸惑います。「らくだからやるのですか?」と思わず聴き返します。「ええそうです。教師がいちいち指名する……どうしようかなんて迷っている……そんなことをする必要がありませんから、教師は子どもたちの動きがじっくり見届けられます。それに板書にもしっかり取り組めて、そこで子どもを位置づけるゆとりも生まれます」

外山先生の授業を参観しているとかなり初期の段階では、頻繁に「誰々さん、今あなたの考えているいることにつながる意見が出たでしょう。だったら、それを察知して出なくては、言う機会を失いますよ」と言います。初期の段階では何度その「察知する」外山先生の出を聴いたことでしょうか。子どもたちは、大人よりも順応性が高いのでしょうか。だんだん自分の出場を「いまだ」と意識するようになります。

外山先生は言います。「自由発言の進め方は、『私がらく』もありますが、子どもの主体的な授業づくりをめざしています。そういう子になってほしいのです」場を読んで「今が自分は聴く場合だ」「今は自分が発言する場合だ」と察知し、意識していくとき、人間は「自立する」ことができるのではないかと考えるのでした。

2　社会科や理科や総合的な学習に力を入れる

外山先生のいままでの授業で、参観したり実践記録を読んだりしたのは、社会科の授業、理科の授業、総合的な学習の授業でした。ずっと以前は総合的な学習の授業はありませんでしたね。だから「合科的な学習」でした。

これについても、「なんで先生は、国語や算数はやらないのですか」と聴くと、「ほんとうはやりたいのですが……でも結局は時間がありません。なんとか理科や総合は、授業者である自分の裁量や発想が生かせるからです」「私は、国語や算数はそうした授業の基礎教科だと思っています。そこで読み方や書き方、計算の仕方を習得して、社会科や理科、総合の授業で生かすのです」「それに何よりも教師が、その教材にほれ込むというか、教師が惹きつけられる何かがあることが、授業をおもしろくすることにつながります」「いい授業ができそうな教材は、別に奇抜なものでもありません。何気ないふだんは見過ごしてしまいそうなこと、当たり前だと思っていることを見直していくとき、おもしろい授業になっていくのだと思います」

普通の教師は、こんな率直かつ大胆な言い方はしません。もっと、もっともらしい理屈を言います。でも外山先生の言い方には、彼女の教師の姿勢としてのいさぎよさがあります。

私が、これまで参観した外山先生の授業で印象深い授業は、「空き缶を拾う遠山さん」「粗大ごみをどうするか」「日本で働く外国人労働者」などです。

「空き缶を拾う遠山さん」の授業は、七〇代のおばあさんが、道に捨てられている空き缶を拾って歩く、それがある程度たまると市の空き缶回収ボックスで図書券に替えてもらい、その図書券で本を買って学校へ持っていくという中身を持った授業です。外山先生は、これを「ゴミの学習」の一環として取り上げたのでした。遠山さんは、雨が降らなければ、自転車を引っ張って、あちこちへ空き缶を拾って歩きます。その空き缶集めに子どもたちもついて廻りました。風が吹いてきて自転車が転びそうになるほど、空き缶が山のように積まれます。しかし図書券に替えるとわずか。でもそんなことを遠山さんはさして苦にはしていません。当たり前のこと、自分にできることをごく当然のようにしているのです。

そんな遠山さんに子どもたちは、とても不思議な気持ちになります。「なんで、こんなつらいことをやっているのか」「やっているときの気持ちは?」「拾っても拾っても空き缶が落ちているからいやにならないか」など、自分の疑問や思いを遠山さんに迫ります。でも遠山さんはさりげなく、何食わぬ顔つきで、「わしゃあ、これが好きでやっている」「どうせそんなにやることもないから」と答えます。

子どもたちは、遠山さんを通して、「人の生き方」「老人問題」「ゴミ問題」を考えていくのでした。

3　一本の電話から

私が外山先生を知ったのは、もう二〇年くらい前のことです。日曜日の朝、突然電話が鳴りました。「もしもし、おはようございます。私はM小学校の外山というものです。突然電話してごめんなさい。実は先生は私のことはご存知ないと思いますが……私はよく先生のお話を聴いています。

つきましては、先生に授業について、ご指導をお願いしたいのです。私の授業を参観してくださって……」まさに突然の電話でした。私は寝ぼけ眼でボヤッと聴いていましたが、その電話の主の真剣さに、承諾したのでした。

それをきっかけに外山先生の授業を参観したり、自主研修会にて話し合ったりするようになりました。また「土曜会」という第二土曜日にまったく手弁当で勉強会をしているサークルにも外山先生は来ました。

外山先生との語らいがおもしろいのは、私の話や先輩の話をただ鵜呑みにしているのではなくて、必ず自分で咀嚼して「自分はこう考える」と発言するところです。その頃から、彼女は次々に積極的に実践活動を行っていきました。

また実践論文も書きあげて、かなり大きな賞をいくつか受賞しました。まさに彼女の実践の本質にかかわる面がしっかり評価されて行ったのでした。

それにしても、私は、見ず知らずの私にダイレクトで電話をしてくる教師を、いままで知りません。今にして思えば、それは外山先生のすごさであり、彼女の学びたいという強い欲求のなせる業であったと思うのです。

彼女は家庭と両立しながら、民間教育団体の研修会にも積極的に参加しました。いや参加するだけではなく、提案の機会を得て、多くの参観者の意見を聴き、貪欲に学ぶのでした。また、「この学校はすごい実践をしている」と思えば、すぐに駆けつけ、学んでいったのです。その意欲はいまでも健在です。「学ぶとは山を登るがごとし」でありながら、彼女はそれをとてもやりがいに感じているようでした。

4　外山流「学級だより」の味

外山先生は、「私はきつい、こわい教師なんですよ、子どもたちにとっては」とよく言います。でもきつくて、こわさがあるだけでは、子どもは外山先生を慕いません。ついてきません。彼女は、宿題を忘れたとき、黙っていることを許しません。「私はきのう風邪をひいて宿題がやれませんでした」「じゃあ、どうしたらいいの?」「きょう学校でやります」「はい、やりなさい」と。また授業中、生理現象をもよおす子どももいます。そんなとき、「トイレ」だけを言ってくる子を許しません。「トイレだけではわかりませんよ」「トイレに行きたいのです」「我慢できないのですね。そんなときはなんて言うの?」「もう我慢できませんからトイレに行かせてください」「はい、わかりました。いってらっしゃい」

外山先生は言います。「私は逃げる子にはしたくない」「人間だから失敗もあるし、うまくいかないこともある。でもいさぎよく言語化して、その自分の意思や願いを表現していくことのできる子にしたい」それは外山先生の子どもを「自立させたい」という根本的な願いにつながる姿勢です。

外山先生は、「学級だより」を書いています。この学級だよりが実に私には感動ものです。少し長いですが、その一部をここに引用します。（二年生を担任していたときのもの）

「時々、『～が理由で宿題ができませんでした』と子どもが話す場合があります。ご家庭でもいろいろな事情がおありかと思います。宿題ができない場合は、連絡帳にてお知らせください。また、同時に本人にも言えるようにしていただくと、『話す力』と自分への責任感がつくと思います。（略）」

「先日『たからもの』についてのメモ書きを宿題として出しました。おうちの方が見てくださっているおかげで、ほとんどの子がしっかりとメモ書きをしてきました。それをもとに作文を書きました。ここでは、改行、句読点、会話文、「　」の付け方を作文の技術として身につけるとともに、文を書く力として、数字を入れることや、繰り返し言葉（ぐんぐん、きらきら）、様子言葉（小さい、明るい、楽しい）、そして、末文には、読み手への呼び掛け文を入れることができるように、声をかけてきました。できた作文は、メモ書きと一緒に、子どもたちの国語のノートに貼ってあります。課題をすべて入れて作文を完成したものには、『大変よくできました』の印が押してあります。『よくできました』は、上手に書けているものの、何かが不足しているのです。お子さんのノートを見て、作文を読んでください」

毎回の学級だよりは、だいたいこんな調子で書いてあります。私は、この学級だよりは、一味違うなと強く思います。何が違うのでしょうか。それは、教室でやっていることの教師の意図や願いを家庭の保護者に理解してもらう……単なる理解ではなくて、「こういう力を育てている」「育てなければならない」ことを伝えていることです。

保護者の中には、「なんでこんなことをするのか」「なんでうちの子には、こんなやり方をさせるのか」と不信を抱く方もいます。そんな保護者にも、担任教師と一緒になって、子育てに参加する意図や願いを外山先生はきちんと「保護者に教えている」のです。これはなかなかできることではありません。

外山先生は、あえて正面切って、担任教師の経営の仕方や授業実践の在り方を語ることもありません。しかし、彼女の日常的な子どもへの接し方や保護者とのかかわり方の中に、教師としての本分である「子どもを人間に育てる」ことの意図と願いが脈々として流れているのです。

Ⅱ

ベテラン教師から若い教師に伝える「学級づくり・授業づくりの知恵袋」

これから、四名の先生にご登場願います。この教師たちは、それぞれすぐれた学級づくり・授業づくりの実践者です。

万年先生、石王先生、鬼頭先生、多田先生。私のいままで出会った先生方の中の知恵者、知恵のかたまりのような先生です。

私は、この四名の先生にそれぞれ「とっておきの知恵袋」の中身を披露してもらおうと思います。はじまり、はじまり。

学校は、たのしいところであるけれど、
歯をくいしばって、
涙をこらえてがんばるところだ。
がんばろう。

○学校って、まず子どもが通いたくなるところでありたいですよね。
『がんばっていってくるね』って、子どもが家を出てくるような、仕掛けが大事。

○その一番の仕掛けが、「学校はたのしいところ」であること。
でも、子どもががんばってよかったなあって思える、少し越えてみたいハードルがあるといいな。

それは、越えられなくてもいいんだ。まちがえてもいいんだ。

まちがえたら、「ありがとう。あなたがまちがえてくれたおかげでいい勉強ができたよ。ほんとうにありがとう！」「まちがえてくれたおかげで、脳のしわがふえたな」って言えたら最高の先生。

○学校へ行くと、いっぱいあいさつができるといいですね。
「おはようございます」「ゆかさん、こんにちは」「ゆうこさん、ありがとうね」「けんじくん、バイバイ、さようなら」

みんなに会ったら、言おう。みんながしてくれたら、言おう。みんなにも言ってあげよう。それを先生が先頭に立ってやるといい。

○授業はバスと同じ。みんな乗ったら発車オーライ。
乗らないのに平気で発車する先生は嫌だね。

みんなが乗ったかどうか、ちゃんと見てくれて。ときには、ちゃんと待っていてくれるとうれしいね。先生はかしこい運転手でなくては。

○やらないでいる子がいたら、「失敗してもいいんだよ」「こわがらなくてもいいんだよ」って言ってほしい。
「できたか、やれたか、わかったか」って、その子の能力を判定するのが先生の仕事ではない。その子が「努力した、がんばった、挑戦した」ことを、ちゃんと見ていてくれる先生であってほしい。

○先生は、やさしいだけではダメ。
「何がどうよかったから、すばらしいね」と、ほめてくれるなら最高。
ちゃんと見てくれているなって、子どもも自信がつく。

いけないときは、こわい顔で叱ってくれる、それってほんとうのやさしい先生の証拠。けじめのある先生がいい。

○一週間に一回くらい先生が子どもと一緒になって、遊んでくれるとうれしい。がんばったら、「ごほうび」って、レクなんてやってくれたら、たのしみだね。子どもも、がんばりがいがある。

○教室やトイレがきれいだといい。だって、トイレがきたないとこわい。だから、学年が始まったら、みんなで「みがく」ことをしてほしい。「教室をみがく、トイレを飾る」、そんなことを大事にする先生になってほしい。

○エコひいきのある先生は大嫌いだ。とくにできる子だけを活躍させる先生はとても嫌。子どもはみんな最初はうまくやれないけれど、うまくやれるように「教えてほしい」「やり方を示してほしい」。

発言の仕方やノートの書き方を、真似してもいいんだよと、教えてくれる先生になってほしい。

〈学級づくりの巻〉

教室は、子どもたちが苦しいときも、たのしいときも一緒に過ごす場。子どもたちの意欲や自覚を育てる仕掛けにあふれているような、そんな教室づくりがしたいものです。

○名前はちゃんと「さん、君」をつけて呼んでほしい。
呼び捨ては嫌だな。
子どもの目を見て（アイコンタクト）言ってほしい。
呼ばれたら「はい」と返事をする教室の仲間に、教師も子どももなりたい。

○教室の約束事やルールは、学年の初めにしっかり教えてほしい。
途中で変えたり、学級によって大きく違ったりするのは、子どもにとって不安だし、守れなくなる。

○級訓は、みんなで決めたい。
みんなはそれを見て、反省したりやる気になったりするのがいい。

○何かを集めたり配ったりするとき、「はいどうぞ」「ありがとう」と言える教室だといいな。
給食の配膳のときも同じようにできるといいな。

○教室に「忘れ物表」とか、「読書表」「宿題表」がある教室はダメだと思う。
そんなのやれた子、できる子だけが得意になるだけで、多くの仲間は、とても過ごしたい教室にならないから。

○「できる子、やれる子」が得意になる教室は嫌だね。
できなくても、やれなくても、がんばろうとした子を応援する教室にしてほしい。
失敗しても、やりたくなる教室がいい。

○係活動や班活動をするとき、先生は班長さんや係長さんをすぐに叱ったり、責任を押し付けたりしないでほしい。
やる気をなくしてしまうよ。
活動する時間をちゃんとつくってくれると、うれしいのだけれど。

○子どもは、席替えをたのしみにしているよ。

でも好きな子同士の席や班はだめです。
仲間外れを平気でするから。

○忘れ物したり、何か困ったことがあったりするときは、子どもが自分で先生に言えることが大事だよと教えてほしい。
そうすると、だんだん自分でやれる子になっていくから。

○「いじめ」や「仲間外れ」は、先生の気づかないところで起きる。
先生との交換日記や「この頃思うこと」などの作文を書く機会があると、そっと先生に知らせることができる。

○がんばっている子をバカにしない学級にしてほしい。
がんばっている子を笑う子がいたら、許さない先生になってほしい。
先生って頼りになるなあって思うから。

〈授業づくりの巻〉
授業への子どもの参加と深まりを期待していくためには学習規律と学習方法をていねいに、子どもたちに教えていきましょう。

○授業を始めるとき、「きょうの課題」がしっかりわかる授業をしてほしい。課題を大きな声で、みんなで読んで始めると、何をきょうはがんばればいいかが、よくわかる。

○子どもが意見を言ったら、黒板にその子の名札を貼ってほしい。ぼくの、私の意見をちゃんとキャッチしてくれたと思って、うれしいから。

○ベルタイマーで時間を決めてやるやり方が、みんなはわかりやすい。決めた時間の中で、「がんばる」「考える」「見つける」を、大事にしてほしい。

○「やれたか」「できたか」「わかったか」を言う先生は、こわい。時間を延長すると、子どもはやる気をなくす。

○音読する仕方をしっかり教えてほしい。
国語だけではなくて、「読むこと」って、とっても大切なことだ。
先生が模範を示してくれると、「あっ、そうか」と真似して工夫するよ。

○話し合うとき、ノートを見て読むようなやり方は、やめたほうがいい。
相手の顔を見て、「……でしょう」「……じゃんね」「話してもいいですか」って、ちゃんと話し合い、聴き合いのキャッチボールができるといい。

○発言をするのは、「発表会」ではないのだから、聴いている人の顔を見て話したいね。
先生の方を向いて話すことを、できるだけやめたい。みんなの方を向いて話したい。

○お話しする子の声が小さいときは、「話すボリュームをあげようって」決めておくといい。
でも話す子の声がたとえ小さくても聴く方のみんながかんばれば、ちゃんと聴こえると思う。

○「誰々さんと同じで……」「誰々さんにつけたして……」「誰々さんとちょっと違って……」の言い方を、しっかりみんなでやれるように教えてほしい。
「今言ったことと違うけれど」「たとえて言うけれど」「自分だったら」「……だけど」なんて、

発言するワザを教えてほしい。

そうすると、みんなとの話し合い聴き合いのキャッチボールがたのしくなるし、よくわかる、深く考えることができる。

○一つの授業の中で、話す聴く時間、読む時間、書く時間、活動する時間（調べる、見つける、作る）をちゃんとベルタイマーで決めてやると、がんばれる。

○ちょっと難しいことだけれど、先生は、「そうそう今のやり方でいいのだよ」「そんなやり方ができるのは最高！」「自信がなかったけれど、がんばれたからすごい」と『価値づけ』をしっかりしてほしい。
先生の仕事は、みんなの言い方ややり方を価値づけて、肯定的に認めていくことだと思う。

○ふだんよくがんばる子だけが、ほめられ、認められる授業ではなくて、腕白坊主や気の小さい子ががんばったときに、とても喜ぶ先生になってほしい。

○とにかく四月、五月に学習規律や学習方法をしっかり根気強く教えてほしい。
「価値づけて」こういうやり方、こういう動きが大事だと教えてほしい。

教えてもらえると、自信を持ってワザを増やしていける。

○いつも授業を振り返って思うけれど、授業の終わり方をしっかりしてほしい。あと一〇分か五分になったら、もう終わりが近いから、終わる着陸態勢に入ってほしい。延長授業なんて最低だよ！

四名の先生の話を聴いて思ったこと

四名の先生の話は延々と続きました。その先生方の話を聴いていて思うことは、「学習内容を教えること」よりも、「学習の仕方」を教えているなということです。それも四月、五月の年度の初めに、すごく根気強く粘り強くあきらめずに『価値づけて』やっていることです。

ほめ方、認め方も上手です。いつも肯定的に「評価します」。でもベタベタした誉め方や甘さのあるやり方ではなくて、とても「けじめ」を大事にして、「許さないことは許さない！」とどの先生もきついです。「厳しくかわいがる」を徹底されていました。

学級づくりという土台がしっかりしていないと、授業は成立しないのだなと思ったことです。その学級づくりの中で、すごく叱るときもあるけれど、四名の先生が異口同音に言われたのは、「決してどの子も見捨てない、見逃さない」ということでした。だから厚い信頼関係が生まれて、子どもたちが生き生きしているのだなと思いました。

また、この四名の先生は同じ職場の先生です。とても仲がよくて、互いに他の教室に子どもたちと一緒に授業を見に行ったり、また一人の先生の学級の授業をほかの先生が応援に行ったりしています。みんな授業がうまくなりたい、子どもが成長するにはどうしたらいいか、いつも話題にしているのです。

だから、子どもたちも、他の先生が応援に来てくれることや見に来てくれることが、うれしくて、張り切って勉強できるようになってきました。

同じ職場の先生方が、交流を深めて、授業を見合ったり、やり方を教え合ったりすると、その学校の授業のやり方が、一年生、二年生、三年生と発展的になっていくこともわかりました。だから学年ギャップもなくて、子どもたちが学ぶのに、「ストレスが適度になる」こともわかりました。

四名の先生、とっておきの知恵袋を大事にします。ありがとうございました。

III

新しい風が湧き興る学校

―志高く地道な手法で道を切り開く―

「学校の営業は授業だ」とも言われます。子どもがどういう成長ぶりをしていくか、学校の担う責任は大きく期待されています。

しかし、現実の学校にはさまざまな難題が打ち寄せているのです。経営責任者である校長先生を筆頭に、学級担任をしている教師の苦労は並大抵のことではありません。

これから、私の出会わせてもらった学校を紹介します。それぞれの学校、教師が、志高く地道な実践手法で、どうやって道を切り開いていっているか、そんな一端をお伝えできたらと願っています。

1 アイコンタクトで学校再建

●「私たちの学校もやっと『ふつうの学校』になってきました」

1　荒れた学校の苦悩

私が訪問する学校は、ほとんどが愛知県の学校、中でも三河の学校がほとんどです。滋賀や福井、三重、岐阜、長野、静岡へ行ったこともありましたが、だんだん疲れるようになったことと、車の運転が苦手なこともあり、遠出が億劫になってきました。

小学校と中学校がほとんどで、だいたい小学校が全体の三分の二でしょうか。中学校は、訪問する学校のほとんどが、「研究発表会を二年後に控えていますから、指導してください」という前提のある学校です。いわば私に、「助っ人」的な役割を求めてきます。

でも中には、「学校が荒れているのです。生徒の学力もまったくつかなくて、なんとかしたいのですが」という校長さんの嘆き節に同情して「何の役にも立たないですが、話を聴くだけは……」

ということで出かける学校もあります。

そんな学校の中に、M中学校がありました。

M中学校は三河部の中規模な街の学校です。その学校は、一〇〇〇名程度の生徒数で、「荒れ」が常態化している学校として、「評判が定着」していました。杉浦校長さんがその学校の校長になったのは、二年前。その学校で教頭職をやっていて内部昇格で校長職になりました。

「私は小学校勤務が大半で、中学校で、しかもこのような大規模校の校長には到底向いていないのですよ」「この学校の荒れは慢性化しているのですね。だから、教師たちもたいへんな学校に来たという思いはあっても、仕方ない、耐えていくしか方法がないという『諦め』がどの教師にも蔓延していて、無気力になっています」「私は力も知恵もありません。でもあと三年をこのままずると過ごすには、しのびないのですね。だから、なんとかしたいという気持ちで、前田先生にご指導いただきたいと思いまして……」

そんな出会いでこの学校に行くようになったのでした。

2　アイコンタクトの欠如した教室

私は、もともと社会科が自分の免許教科です。中学校勤務の経験はあっても、英語や技術・家庭科の授業の見方がわかるわけではありません。数学の授業は、私自身がその学習内容に、「落ちこぼれ」状態です。とてもじゃないですが、「専門的な指導助言」は、端から無理です。

ただ、私はその点を知りつつも、かなり「楽観的に」英語の授業、数学の授業を参観します。その観る視点は一つ、それは、「しろうとの目線」です。それは別の言い方をすれば、生徒目線であり、それも落ちこぼれそうな生徒目線です。

「しろうとが、なんで英語の授業の講釈ができるのか！」と啖呵を切る教師にも出会ったことがあります。私はそんなとき、「英語の授業にはしろうとでも、そのしろうとが『変だな』と思うことはやっぱり、どこか変なんですねえ」と言葉を返しました。

M中学校の教室を一日がかりで参観したのは、そんな「しろうと目線」だけを頼りにしたものでした。

一日がかりで、私のペースで教室を巡って思ったことは、ただ一つのことでした。それは、「生徒の目線が下がっている、下を向いていては授業がわからないのも当然だ」ということです。よそ事をしている生徒もいますし、寝ている生徒もいました。そして、もっと言うならば、「先生たちの目線が、生徒を見ていない」ということでした。私流に言うならば、「アイコンタクトの欠如した教室だらけ」ということです。これでは、授業は成立しません。

ざわざわした雰囲気の中で、生徒目線と、教師目線のぶつかり合いのないままの授業が行われているのです。

3　シンプル・イズ・ベスト

その日の授業後、全校の教師たちと協議会なるものを持っていただきました。「協議会」と書きましたが、要するに「前田の話を聴く会」でした。私はその場で、別の中学校の生徒の書いた一片の生活記録を紹介しました。

オレはえいごの授業がきらいだ！
アイツは大きな声で発音せよと言う
オレはぼそぼそと言う
「ネクスト、プリーズ」アイツは言って次のヤツをあてる
たまにはやり直しをしてほしい

私はできるだけ小声で語ります。

「この生徒は、その学校ではまさに非行生徒と呼ばれている生徒です」「授業中もほとんど教科書を開かないで、机に伏せている態度です」「やる気を外からは、まったく感じないように見える

生徒です」「でもその生徒が、こんな言葉を書いているのです！」

「マザー・テレサが言っていますよね。『世の中で、つらくてむごいことは、戦争があることでも、貧困にあえいでいることでもありません。それは、誰からも必要とされずに、無視されていることです』と」

私は、そんなことを言って全校の教師たちを見渡します。ゆっくりゆっくり見つめます。


「たとえは悪いですが、一寸の虫にも五分の魂と言うではありませんか。この言葉を書いた生徒は、いわゆるワルです。でも……その生徒が、これを書いたということは事実です」「この生徒の心には、自分は見捨てられている、無視されている、見逃されている、という悲しみがあります。こみ上げる寂寥感があります」

私は、もう一度ゆっくりゆっくり教師たちのまなざしを見つめました。もう目を真っ赤にしている教師がいるではありませんか！　唇をぐっとかみしめている教師もいます。

「私がきょうみなさんの教室を訪問して、今言いたいことは以上です」その言葉に多くの教師たちはうなずきの表情を見せてくれました。


それから、一週間経った頃でしょうか。一本の電話が入りました。

「もしもし、前田先生ですか、この間はどうもありがとうございました」「あのあと、みんなで何度も何度も話し合って……とにかく現職教育も生徒指導もすべて難しいことを捨てて、『アイコンタクト』一本にしました！」「生徒にアイコンタクトを呼びかけるには、まずは教師である私がやるべきことです」

杉浦校長さんの言葉には、力がこもっていました。「杉浦先生、よかったですね。みんなで決めたことをいかに根気強くやるかですね。シンプル・イズ・ベストですよ」と、私は言葉を返したのでした。

4　教師が変われば、生徒も変わる

言い古された言葉ですが、私はM中学校にかかわるようになって三年目で、この言葉を実感しています。「教師が変われば、生徒も変わる」なんと明確でわかりやすい言葉でしょうか。「M中学校の様子が変わってきた」と校区の評判になってきたのです。「この頃は、あいさつもよくするし、何よりも子どもたちが、うつむき加減で通学していない」と。

もっとも、私がここまで綴ってくると、「この話はでき過ぎだな」と思われる向きもあるかもしれませんね。そうかもしれません。でも事実なんです。生徒たちがアイコンタクトをしていることが、「ふつう」になったのです。もちろん、教師も見渡して、見つめて、見守っています。

杉浦校長先生は言われました。

「前田先生、目は正直ですね。言葉を交わさなくても、何も言わなくても、目がすべてを語り、受容するのですね。私たちの学校もやっと『ふつうの学校』になってきました。これからが私たちの学校の実践勝負のときです」

2 生徒とタイアップした授業改善

●「この一年間、ぼくたちは『授業の取り組み』に、もっとも力を入れてきました」

1 一変した授業風景

夏休み前に、ある中学校を訪問してたいへん驚いたことがありました。この学校は三重県の中学校です。今その学校を仮にF中学校としておきましょうか。

七月一二日でした。その日は朝から雨模様のたいへん蒸し暑い日でした。ときどき大粒のにわか雨が激しく降って……まさに梅雨終盤の雲行きでした。

私は、その日、朝からF中学校の授業を参観したのです。F中学校は各学年二クラスの小規模な学校です。その日、その学校のクラスの授業を一年生から三年生まで全クラス参観することになっていました。

この蒸し暑さです。「きょうは長い一日になるなあ」とため息交じりに訪問したことでした。

ところが、訪問してあっと驚きましたよ。はじめに参観した授業は、一年生の数学と英語の授業。その二つともが、とても溌剌としてやっているではありませんか。教師も生徒をよく見ていますし、生徒も敏感に反応しているのです。要するに「生き生きした授業」なんです。それは、二年生も、午後の授業参観になった三年生の国語と体育の授業にも如実に表れていました。

いや、三年生の授業が一番見応えがありました。生徒のほとんどが、意見を求められたときに、きちんと挙手します。それも手がピンと伸びて気持ちのよい授業姿勢です。また生徒が発言するたびに、「そうか……」「おお」「なるほど」とほかの生徒の声がするのです。発言した生徒の内容に「反応している」のです。

私は、六クラスの授業を全部参観して、清々しい気分になっていました。朝訪問した時点での、けだるいような疲労感はどこかに吹っ飛んでいました。「よくまあ、この半年の間に授業も生徒の動きも、教師も変わったものだ」と思ったことでした。

2　授業の体をなしていなかった授業

それは半年前に遡ります。私は請われてF中学校を訪問していました。もともと三重県は私の住んでいるところからは遠距離です。そんなこともあって招請をていねいにお断りしました。しかし、「伊勢湾岸高速道路でお越しくださるとかなり便利なところですから」と何度も何度もお声をかけてくださったので、ついに根負けして行くことになりました。

初めてそのF中学校の授業を参観したとき、私は声も出ないほどの困惑状態になりました。それは国語の授業でしたが、かなりひどい授業だった(授業者がこの記録を見たら……表現が適切ではなくて失礼しました! ごめんなさいね)のです。教師が授業中ほとんどしゃべりまくっています。それを生徒がただ受け身になって、やっているのです。それも私語があったり、笑い声が起きたり。教師は黒板を一時間に何度となく消しては書いています。

私は授業を参観しながら、「このあとの協議会でどうコメントしようか」考えていました。「見どころ」がないのです。もう「教師としては、やってはいけないことばかり」「生徒としてやらせてはいけないことばかり」なんですから。

私は意を決して語ることにしました。〈よし、私にはどうせ遠隔地でもあるし……二度と訪れることもないであろうから、はっきりと指摘していこう〉と。変なお世辞を言うよりも、せっかく招いてもらったのだから、正直に言うことが礼儀だと思ったのです。

その日の協議会は、私の話を「聴く会」で構成されていましたから、約一時間半の間、ほんとうに授業の「いろは」を本日の授業参観を例に出しながら話しました。そして、徹底的にこきおろしました。こんなにひどい批評(指導)をしたのも、久し振りです。私としては、自分の信念を曲げてまで、その授業を持ち上げるような演じ方はできません。その日はそれで終わったのでした。なんとも疲労感の押し寄せてくる、後味の悪い訪問でした。

3　F中学校教師の決意

F中学校へ行ったあと、私はほかの用事で忙しかったこともあって、すっかりF中学校の教師たちのことを忘れていました。

あるとき、そのF中学校の研修担当の教師から電話がありました。

「前田先生、ご無沙汰しています。先回の先生の訪問は、わが校にとって大きなカルチャーショックでした」「その後、全教職員と協議して、ぜひともこれから心底前田先生のご指導を、徹底して受けたいという意思で固まりました」電話の声は弾んでいました。

「それはまたどうしてですか」私は思わず聴き返したのです。

「前田先生に徹底的に指摘してもらって、かえってすっきりできたのです。私たちも、前田先生の言われるような授業がしたいという気持ちが、高まってきたのです」

F中学校では、目先の研究発表会に間に合わせるための授業公開ではなくて、もっと根本的に日常的な授業改革をすることによって、学校経営を再構築していく決意をしたというのでした。

私は一度だけの訪問で、F中学校の授業を滅多斬りしたことを思い出していました。申し訳ないほど、乱暴で傲慢な私の言動でした。にもかかわらず、「そこで前田先生にお願いがあるのです。

先生に授業法を具体的に教えてほしいのですね」「前田先生は、いままで他の学校でも先生自ら授業をされているとお聴きしています」「つきましては、四月早々の時期ですが、私たちF中学校の教師たちを生徒に見たてて模擬授業をしてくださいませんか」と、電話の主はもう段取りをどんどん話していきます。

その電話の声には、F中学校の教師たちの決意がにじんでいるようでした。私も「みなさんがそこまで言われるのでしたら、行きましょう」ということになったのでした。

4 金子みすゞ「すずめのかあさん」の模擬授業

四月五日、まだ学校は入学式も始業式もしていません。そんな段階で、F中学校の教師たちを前にして、私の実践している授業法を具体的に実施することになりました。午前中は、私の考える授業方法を、学習規律を含めて、できるだけ具体的に提示しました。教師たちもやる気になっていることがわかります。次から次へと質問の山です。根掘り葉掘りとはこのことです。

午後からは、金子みすゞの「すずめのかあさん」で、私が教師たちを生徒に見たてて授業をしました。この「すずめのかあさん」の授業は、私のお気に入りの授業です。これまで何度も何度もあっちこっちの学校で、私なりに考える授業方法を具体的に提示する手段として、やってきました。

その模擬授業は、ビデオにも撮られていました。五〇分の授業を終えた後、たった今行った授業について、何でそこではそうしたのか、板書はどういう書き方をしたのか、を具体的に示しながら、教師たちとの懇談をしたのです。

私の提唱している「見つけ学習」の手法については、とくに質疑が集中しました。「教師の出」、アイコンタクトの仕方、ベルタイマーの活用方法、板書での色チョークの使い方、生徒との応答での教師の「反応」の仕方、生徒の「反応」の仕方などをできるだけ具体的に語り、意見交換をしていきました。

「いやあ、きょうの模擬授業は、とても具体的で腹の底にしっかり落ち込みました。ありがとうございました」研修主任の伊藤先生のお礼の言葉に見送られながら、帰路についた私だったのでした。

5　生徒会活動と一体化した授業づくり

七月一二日の六クラスの授業は、少なくとも半年前に参観した授業とは様変わりをしていました。授業の合間に研修主任の伊藤先生から、「F中学校では四月からあのビデオを何度も何度も見ました。それを生徒に話したところ、生徒会活動として『参加度の高い授業をしよう』となったのです。生徒会が立ち上がったのですね。それで、まずは三年生の生徒たちが、ビデオを見て学習規律や学習方法を習得していったのです」

「三年生の生徒たちは、自分たちが自覚して取り組みましたよ。その上、その授業をしているところを後輩の一年生、二年生の生徒に見せたのですね」「一年生も二年生も先輩の授業を参観することは、とても大きな刺激になりました。みんなやる気満々になったのです」伊藤先生は終始笑顔で語ってくれました。

授業づくりに教師たちが精進することは、当然のことです。しかし、生徒会活動を巻き込んで学校の授業改革をした例を、私は知りません。「この学校は生徒会活動が盛んなんですね。だから生徒の力で授業改革が推し進められていきました。先生方もほんとうに真剣になっていきました」伊藤先生は遠くのことを見つめるように思い出しながら、語ってくれたのです。

事実、一年生の授業よりも、二年生の授業よりも、三年生の授業風景のほうが、はるかに真剣であり、男女を越えて「学び合い」の光景になっています。体育の授業は男女共習でしたが、素直で健気な学び合いの授業を展開していました。もう一つのクラスは、研修主任の伊藤先生が、国語の古典の授業をしましたが、難解な古典の授業に抵抗感なく、生徒たちが参加しているではありませんか。

これは、只事ならぬことだと私は強く思いました。そして、六つの授業を参観した後の協議会では、私の率直な驚きの感想を伝えました。「見事な変身です！　生徒会活動と一体になって実践を深めていかれたことに、驚きます。生徒のがんばりもすごいですが、そういう前向きな動きのできる生徒に育て上げていったこの学校の教師集団の力です」とほめたたえたことでした。

学校が変わるきっかけには、さまざまな実践方法があると思います。それを教師も生徒もいかに渾身の力で実践するかです。そんなことを教えられたF中学校の訪問でした。F中学校はその年の十一月に研究発表会を行いました。

三月、卒業の春を迎えた三年生は、みんなで「答辞」の原案を書きました。その中には授業のことも、触れられていました。

「……（前略）この一年間、ぼくたちは『授業の取り組み』に、もっとも力を入れてきました。今年始めた『新しい授業の取り組み』、それは思いや考えを伝え合うことが、仲間関係をよくするために、一番大切だと考えたからです。『ハンドサイン、反応、つなぎことば、声のものさし』の四つの柱に、どのクラスも活気のある授業が展開できました。反応は発言する人を大切にするというメッセージ。ハンドサインは、その人の話をしっかりと聴き分けているからこそ、できるということ。全員が意見を言い合って、みんなの考えを知り合えることは、とてもたのしかったです。……（略）」

F中学校の授業改善は、何よりも、生徒たちに受け入れられて新しい息吹を放っているように見えます。

3 校長の率先垂範が学校を変える

● 「これは私がこの学校の校長でいる間は、譲れないことなのです」

1 七八回という回数

のっけから数字を出しました。「七八回」というのとT小学校とどういう関係があるのでしょうか。実は、この七八回は、去年この学校の教師たちが、「授業公開した数」です。T小学校は各学年二～三学級のどちらかと言えば、中規模というよりも、やや小規模に属する学校かもしれませんね。担任教師の人数も特別支援学級を入れて一七名です。

読者のみなさん方に、単純な計算ですが、七八回を一七名の教師の数で割り算をしてください。どうでしょうか。商は四を上回って余りが出ますね。つまり単純計算をして、この学校の教師たちは、年間に一人で四回以上の授業公開をしていることになります。

断っておきますが、これは保護者の授業参観の会をカウントしたものではありません。教師同士の研修としての授業公開数です。この学校では、ここ三年ほど前から、この授業公開数が、「ふつう」

になりました。

多くの学校では、「現職研修」として、「年間一人一回の研究授業の公開をして、教師としての力量向上を果たそう」としている、それがごくごく普通のことです。いや、中には、年間一回も研究授業らしいことをしていない教師もいると聴いています。そんな中で、T小学校の存在は稀有で異色な学校として、私の目には映ります。どうして、そんな学校になったのでしょうか。

2　校長の信念

この学校の校長に、田中校長さんが赴任したのは、四年前です。田中先生は、それまで市教委に勤務していました。学校現場を指導監督する立場にあった田中先生は、いつもどこの学校へ行っても、「授業がいのち」を力説していたのでした。市教委へ入る前の学校でも校長職にあった田中先生は、その学校でも「学校経営の軸は授業実践にある」を標榜して経営に当たってきたのです。

だから、新たにT小学校に赴任しても、その意思は変わるものではありませんでした。むしろ前以上に、「授業実践で勝負」を強く打ち出したのです。

そんな田中校長さんの姿勢に、職場の空気は乱れました。「なんでそんなにも、研究授業をしなくてはならないのか！」という反発が、出てきたのです。

「教師の多忙さは尋常ではないのに、そんなにも授業公開をしていたら、先生たちはストレスでつぶれてしまう」「私たちは、それでなくても、保護者の対応や生徒指導を含めた仕事に忙殺されています。年一回の授業公開で精一杯です」

そんな意見が若い教師からもベテランの教師からも出てきたのです。

でも田中校長さんは譲りません。「みなさんの気持ちも意見も痛いほどわかります。しかし、これは私がこの学校の校長でいる間は、譲れないことなのです」と言って、田中校長さん自身が、若かった頃の自分を引き合いに出しながら、「私たちは、子どもが成長する仕事にこそ、教師冥利を感じなくてはなりません」「保護者から真に信頼を得るためにも、私たちの本分をこの授業に賭けないといけないのです」と語ったのでした。

3　校長さんの若き日の告白

田中校長さんは三〇代の後半、とてもつらい目に遭いました。それは中学校で部活動の練習に明け暮れていて、日々の授業は、成り行き任せの教え込み学習の最たるもので過ごしていたのです。それが教師の仕事だと思っていたのです。

そんな田中先生が、小学校へ転勤になりました。その小学校へ代わって見て、自分がいかに「授業実践の力量がない教師であるか」を思い知らされたのでした。高圧的な力による教師でしかなかった田中先生は、「授業は、教え込むもの」と思っていたのに、その小学校へ異動になって周りの教師たちの「きめ細かな」それでいて「子どもの側に立つ」授業を参観して、動転するほどのショックを受けました。

田中先生は、「オレは小学校に向かない。早くもう一度中学校へ行きたい」と思いました。一日も早くこの学校から逃げ出したいと。でも異動は三年間できません。他のクラスを見ると、子どもたちが生き生きして授業に参加しています。自分のクラスはと言えば、まるでお通夜のような静まり返った教室で、ただ田中先生が説明したり教え込んだりしているだけでした。子どもたちもなんだか不満顔です。親もそんな素振りを保護者会の席で見せます。

「これではいけない！　なんとかしないといけない！」田中先生は、覚悟をしました。

それからは、恥も外聞もなく、若い教師にも「先生の授業を参観させてください」と言って、その若くても、巧みな授業をする教師の授業から学ぶ日々が続いたのです。小学校には、女性教師でほんとうに優れた授業を演出している教師がいるのです。田中先生は、どうやったら、あんな授業ができるようになるか、参観してはもがき苦しんだのでした。

その学校での五年間は、田中先生には厳しい試練の日々でしたが、「今思えば、私に授業実践の仕方を一から教えてくれた」「子どもたちが、自らかしこくなるために、意欲と自覚を持って取り組む大切さを叩きこんでくれた」「教師は授業ができてこそ教師になれることを、身にしみて実感させてくれた」と回顧するのでした。失敗を覚悟で何度も何度も授業を公開して、みんなにズタズタに批評をしてもらって……。そんな日々があって、少しずつ授業に手ごたえを感じるようになっていったのです。

それは、「つらい日々であったけれど、歓びに満ちた日々でもあった」という田中先生の言葉に、いつの間にか、T小学校の教師たちは、納得していったのでした。

それからの田中先生の口癖は、「授業で子どもを育ててナンボだ」「授業実践で精進してこそ、子どもや親にも信頼される教師になれる」と自ら進んで実践者になっていったのでした。「若い教師にこそ、自分が味わったつらさを味わわせてはならぬ」「授業での実践で腕を磨く教師を育てなくてはならぬ」と。

4 年間三回の授業公開を義務付ける

T小学校では、それから一年間に三回以上の授業公開が「ふつう」になりました。田中校長さんの言葉を借りれば、「一年に一回だけの研究授業をして、教師の務めを終えた気分になっていては、ほんとうの精進とは程遠い。年度初めのまだ学級も授業も立ち上がりの実態を参観してもらって……、そこでの打つべき手立て（処方）をみんなで語り合って、それが九月以降にどう実現していけるのかいけないのか、それを見届けてこそ、担任教師に寄り添いながらの実践する学校経営ではないか」

私はT小学校で、年間一〇回ほど授業参観日に招かれます。各教師の授業公開をいつも全校の教師たちで参観するのではありません。四役と、私のような者と、それに外部の小中学校の先生方にも案内を出してあって、その方々にも参加してもらっての参観授業です。校内の手の空いている教師も参観します。

そして二月にもまたまた授業公開をするのです。そんな体制になっているのです。そうすると、一回だけの授業をどう飾り立ててやるかという問題ではないのです。授業公開の中に、「その学級の現状」「その教師の技量」を探り、次回までにどう立て直していくかを考えます。

三回の授業公開は、まるで人間の健康診断のようなものです。その時点で、どんな問題を残しているか、できるようになってきたのは何か、どういう芽生えや可能性が見られるか、そんなことを探るのです。

私も呑気に見ているわけにはいきません。まるで定点観測で、前回の授業と結び付けながらの模索です。

「このことに大きな成長を感じるねえ」「S君は今回の授業では参加度が低かったけれど、そうですか、家庭が不安定になっていることが影響しているかもしれませんね」「先生自身が、待てるようになってきて、授業がほんとうに心地よい緊張感の中で進められていますよ。すごい進歩です！」とできるだけ具体的に見たまま感じたままを言います。真剣勝負です。

T小学校では、昨年度七八回の授業公開があったように、田中校長さんの願いを越える授業公開が行われるようになってきたのでした。先ほど外部の学校の先生方も参観に来ると書きましたが、田中校長先生は、市内の各学校にT小学校の「今月の授業公開日」を公表しているのです。校内だけのことにするのではなくて、広く世間に問うていく姿勢を持っているのです。

5　六年間のかかわりから感じること

私がT小学校にかかわりだしたのは、六年前からです。その頃は西尾校長先生でした。女性の校長先生でした。

彼女は彼女が新任の頃、私と一緒に同じ職場で仕事をしたことがありました。その学校は市内の中心校で、授業実践を含めてきわめて張り合いのある緊張感の高い実践を積み上げていました。

その頃の西尾校長さんは、新任教師としてひたむきに動き、仕事をたのしんでやっていました。でも授業は悲惨です。そんな西尾先生に私はかなりきつい言葉を浴びせて、彼女は涙ぐむシーンが何度もあったようです。私自身はそんなことはすっかり忘れていたのですが……。

その西尾先生がT小学校で校長職に就いたときから、私はこの学校にかかわるようになったのです。西尾先生が校長になった当初は、かなり危うい学校の状況でした。保護者のクレーム、子どもたちの粗野な言動、学級が壊れるような危うさに、西尾校長さんはへとへとになっていたのです。

「前田先生、たいへん恥ずかしいですが、これが私の学校の現状です。先生に導いてもらって、私もがんばりたいです」西尾先生は、心底真剣になって取り組んだのです。

そんなT小学校の現状を再建するには、「授業しかない！」と西尾校長先生は思っていたのでした。それで私も参加して一緒に二年間がんばったことでした。

田中校長先生は、その西尾校長さんの経営を受け継ぐ形で今行われているのです。よく校長というトップが代わると学校の経営にぐらつきが起きると言われますが、西尾校長さんから田中校長さんへのバトンタッチはきわめてスムーズであったとも言えるのです。

もちろん田中校長さんの頑なな信念が揺らいだ時期もあります。しかし、ほんとうに、この六年間で見事に、学校づくりが「授業実践を核に」行われてきたのです。

西尾校長さんと、田中校長さんに共通することは、「ふだんから、よく教室へ足を運ぶ」「校長室が談話室になって授業実践の語り場になっている」ということです。

西尾校長さんも田中校長さんも口ばかりのトップであったら、教師たちは到底真摯に授業に向き合わなかったと思います。朝の「友だちの話」というスピーチから始まって授業中での訪問、帰りの会までの教師たちの仕事に目と耳を傾け、実に親身になって苦楽を共にしてきたことが、最大の経営手腕になっていたのです。

T小学校の教師たちは、私のひいき目か、とてつもなく明るいのです。授業後の全体協議会も年に三回程度設けられていますが、そんなときの議論はもうたいへん‼ すごい白熱です！ 感動を伝え、びしりと批判をして、「学びの共有化」が図られています。そんな会に私も参加させてもらえることを歓びにしています。

4 授業実践大好き学校を育む　パートⅠ

●「教師の力量がつけば、子どもたちの力も必ず伸びる」

1　力量向上講座に学ぶ

私が退職してから、この九年間で毎年訪問している学校に、K小学校があります。この学校を訪問する日をこの学校では、「力量向上講座」として位置づけ、授業公開をしているのです。この講座は、六月に二日間、八月に一日、十月に二日間、二月に一日の四回行われます。合計日数にすると六日間です。

その授業公開は、当初から「私に授業をやらせてください」「私もやっていいでしょうか」という立候補制で行われてきています。決して強制的なやり方や割り振り方式で、授業を義務的に行うというものではありません。したがって一年間で全員の教師が授業を公開するものの、「力量向上講座」で、すべての教師が公開するとは言えません。逆に年に三回も、この機会に公開する教師もいます。あくまでその教師の意思がこの学校では尊重されているのです。

二月と言えば、もう年度も押し詰まった段階です。こんな時期にも毎年一日の「力量向上講座」が、持たれます。まずは、そんな二月に行われた授業の一端を一年生、万年先生の教室の授業風景から見てみましょう。

万年学級の授業は、国語「はるのゆきだるま」（東京書籍版）でした。万年先生は、この年度でこれが三回目の授業公開になります。万年先生の国語に関する今のめざすところは、子どもたちが、毎時の学習課題に「本時の読みを深める大事な手がかりがあることを教え、その言葉からイメージを膨らませて、考えることをきたえていこう」としていました。この参観した授業は、第四課題に挑戦する授業でした。

2　認めることと、きたえること

万年学級ではまず「課題を確認すること」から授業が始まります。万年先生が「はるのゆきだるま」と板書するのをわざわざ「はな……」と書きだすと、子どもたちが「ちょっと違う」と一斉に挙手。教師は「ああ、まちがえた、よく見ていてくれたねえ、ありがとう」で訂正します。もうこのあたりから授業に子どもたちが集中している高さを表しています。

教師が「きょうのめあてです」と言って、教師と一緒に課題を一斉に読みます。

この課題の場面は、動物たちがゆきだるまさんに春のたのしさ、よろこびを教えてあげるために、山のふもとから、ゆきだるまさんのいる山にもどると、すでにゆきだるまさんは溶けてしまっているのです。動物たちは、ゆきだるまさんのいた場所にもどって、消えてしまったゆきだるまさんのいた場所を眺めている場面です。

「だまったまま、いつまでも　見つめていた　動物さんたちについて　かんがえよう」が課題です。

教師は棒読みを見逃しません。「あれ？　大事な言葉を見つけましたか。勉強するぞ！　の気持ちが大切だったよね。そんな棒読みはいりません。決めた？　大事にする言葉決めた？」と言って、子どもたちに再度課題を読ませます。

音読が始まります。このK小学校のどの学級にも共通することですが、音読をとても大事にしています。子どもたちが言葉のイメージを膨らませていく、そんな読み方をさせようとしています。バラバラ読み（一斉で読むのですが、声を揃えて読むのではなく、それぞれの速さ、それぞれの音量で読む）、リレー読み、指名読みなど、音読のバリエーションも多様です。

子どもたちの読みの表情は、まさに浸り込んで読んでいるのです。声の調子も動物さんになって、体をゆすって読んでいます。それでも読む姿勢や、句読点を意識しない読み、読みの速さ、語尾の延ばし、読みまちがい（たとえば、「たくさん」のところを「たっくさん」と読む子の場合、読み直しをさせる）は、教師はきちんとそばに行って直していきます。直るまで何度も直して……直ると必ずほめて指導して廻ります。万年先生の「認めること」と「きたえること」が、ここでもいかんなく行われています。

そのあと、子どもたちは課題を意識して「ひとり読み」をします。教師の「今から自分テレビ（この「自分テレビ」は、万年学級の子どもが言葉のイメージをふくらませるためのたとえの言葉です）を出すんだよ。動物さんたち、どんなふうにやっていたのかな。どんなことを考えていたのかな。見つけていきましょう」と言って五分間の時間をベルタイマーで設定します。

この「ひとり読み」が始まったときに、とても不思議な光景を見ることができました。それは、このK小学校の先生たちが、万年先生の学級の子どもたちのそばに行って、その「ひとり読み」を見ているのです。いや、中にはしゃがみこんで問いかけたり、子どもの話を聴いたりする教師もいます。子どもたちはそんなよその学級の教師たちの「介入」に何の抵抗感もなく、もくもくとやっているのです。

ここには、この学校の教師たちが、「担任教師だけにその学級の子どもの育ち」を任せるのではなくて、みんなで応援して「子どもたちを認め、きたえる」姿勢で取り組んでいることがわかります。それを何よりも知っているからこそ、子どもたちは自然体でやるのです。

3 「発表」ではない、語り合い、うなずき合い

万年学級の子どもたちは、五分の「ひとり読み」を終えた後、自然に「話し合い」と言って机の向きをコの字型に変えます。

このあとの子どもたちの話し合いは、「これが一年生の子どもたちか！」と驚嘆するほどの「語り合い、聴き合い」になっています。いや、もっと自然体で、「～じゃんね」「だってさあ、～」「うん」「う～ん？」などの話し言葉での語りやうなずきが、見事に行われるのです。その一部を紹介します。

C3 「A君につけたしなんだけど、ずっと見ていたって言ってたでしょう？ また、会えるかなっていうのを考えてたんじゃない？」

C4 「A君につけたしで、言葉は違うんだけれど、ぼくは『見つめて』から考えたんだけれど、見つめてって言うと、た・と・え・ば……う～ん、由佳先生をずうっと見つめて（動作をする）……っていうことじゃないの？」

C8 「Bちゃんの心の中で言いながら、にちょっとつけたして、ゆきだるまは、子うさぎとか動

物たちは、花のゆきだるまを見てるじゃん！　（うん！）だからさあ、なんか動物たちでしゃべってて、心でしゃべることはさあ、ひょっとしたら、あんまし伝わらんじゃん。（う～ん？）だから、ずうっとだまったまま、いつまでも、だから、心の中でずう～と、『またいっしょに春で遊んだりしようね』とかで、動物たちは、そういう気持ちで、ここで話しとったんじゃない？」

子どもたちの語り合いは、「阿吽《あうん》の呼吸」という表現がぴったりするほど、語る側も聴く側も耳をそばだて、相手をよく見ています。「何ページの……」と言えば、「見ました」とみんながそのページを開きます。動作化（この場面では「だまったまま、いつまでも見ていた」ところ）のときには、他の子どもたちが、「読む？　読もうか」と気遣い、その読みに合わせて動作化を行うのです。

この授業は、最後にみんなが自分の頭のテレビに写った動物たちの様子をイメージしながら、音読して終わりました。

4　職場内部の学び合いの継続

万年学級の子どもたちの動きを見ていると、胸に熱いものがあふれてくることを禁じ得ません。実際の生の授業をお見せできないのが残念です。それは、教師と子どもたちとの一体感に支えられた「全身を使った読み」「仲間との学び合い高め合いのある読み」を見事にしているからです。参観者もいつの間にか、子どもの世界に引き込まれているのです。

私はその日、万年学級以外に、尾本学級、白井学級、野副学級の授業を参観しました。そのどの学級もそれぞれの持ち味を出していますが、まず「教師それぞれの自己の課題を意識した授業の取り組みが反映されている」「子どもたちが、K小学校全体の『認め合い、きたえ合い』の中で、確実に成長している」ことです。

三回の力量向上講座は、校内の教師は自由に参観するのですが、それに加えて市内外からの外部の教師たちも参観するのです。その数はかなりの数に上ります。二月のこの講座にも五〇名以上の参観者がありました。また、春と秋の力量向上講座では、午後の五時間目に行われる授業を、「全体研修の授業公開」として位置づけます。

この「検討会」は、授業参観者が、数名ずつのグループに分かれて、授業参観者が感じた「こだわり」を出し合いながら、「授業分析」を行います。それは「他人の授業を批評する」というものではなく、自ら「授業をした当事者の意識」を持って参加します。

もちろん、この「検討会」が始められた頃は、参観した教師たちに授業を見る目がなく、貧相な検討会になったものでした。しかし、だんだん年数を重ねるにしたがって、白熱したそれ自体に意味のある質的にも優れた発言が飛び交うようになってきました。

この全体研修の授業は、これだけで終わりません。夏季休業中に、「授業分析会(授業記録を読む会)」として再度行われます。これは、授業を一字一句文字化して、「授業記録」としてまとめます。(余談ですが、この授業記録を誰がつくると思いますか? それは授業者本人の場合もありましたが、校長先生、教頭先生、教務主任の先生が時間をかけてテープ起こしを行うのですよ。)

それを職場のみんなで読むのです。私もその会に参加します。それは、授業分析の手法に学びながら、「全員で声を出して読み合う」ことに始まり、「分節」に分けて、その授業の問題の所在を明らかにしていきます。

「授業分析会」は、授業を公開した当日には、「見えていなかったこと」を、その後の子どもの動きから検証することを含めて、きわめて地道な営みです。多くの学校で、全体授業研究が行われますが、ここまで行う学校はありません。

昭和の四〇年代後半から五〇年代にかけては、こんな逐語記録をつくっての「授業分析会」「授業記録に学ぶ会」は、各地の学校で行われていました。しかし、時代が変わっていったのでしょうか、次第に行われなくなってきました。それだけ各学校の教師たちが忙しくなってきたのでしょうか。

それとも「いじめ」や「不登校」あるいは、保護者のクレーマー的な存在に学校が脅かされて、「授業分析会」を行う心の余裕を失ってしまったのでしょうか。いずれにしても、いまだにK小学校では、なんとか夏休みの一日をそのことに費やしているのです。

5　今のK小学校

残念ながら、K小学校でも毎年「人事異動」によって多くの教師たちが入れ替わります。それだけに「試練の時」を迎えているとも言えるK小学校です。

しかし、去年も今年も相変わらず「力量公開講座」は持たれています。夏季休業中に、「授業分析会」も行われています。

それは、後から赴任してきた先生方に、ていねいに引き継がれているとも言えます。公立の学校では、たとえその学校ですばらしい実践活動が行われていても、時が流れ、人事異動でその屋台骨を背負った教師たちが去っていくと、その校風はあっけなく崩壊していきます。いや崩壊という表現は適切ではありませんね。教師たちの異動が何度も何度も繰り返されて行くうちに、「忘れ去られて行く」という表現が適切でしょう。

K小学校もご多分にもれず、危うい事態になっているとも言えます。しかし、不思議なことに、今年もまた「力量向上講座」は開催され、分析会も行われてきました。それを引き継ぐ職場の教師たちの「危機感」が、なんとか「学校の営業は授業だ」を忘れさせていません。新しく赴任された校長先生、教頭先生や教務の先生、担任教師たちも、みんな歯を食いしばってがんばっているのです。

そこで、大切にされていることは、「教師の力量がつけば、子どもたちの力も必ず伸びる」「自主的な立候補制への思いがないと、やってよかったという満足感につながらない。やらされている授業では、そこで止まってしまいがちになる」という意識と、何よりも、この学校の校長を中心にして、「この力量向上講座が、学校経営の核に位置づけられている」ことです。これらのことが、職場のみんなに共有されて伝統になっています。

5 授業実践大好き学校を育む　パートⅡ

●「子どもたちがかしこくなることが歓びだ」

1 朗読詩「教室はまちがうところだ」

K小学校の教育実践の話をもう少し続けます。

みなさんは、蒔田晋治先生のお書きになった「教室はまちがうところだ」の詩をご存知のことでしょう。蒔田先生は、静岡市で、数学の教師として長くご活躍された先生です。その先生が、自分の担任する数学の授業で、この詩を捧げて呼びかけていました。それがいつの間にか、多方面の学校や心ある教師たちの心を揺さぶりました。数学というもっとも間違いと正解のはっきりしているはずの教科で、「教室はまちがうところだ」と言われたのですから、とてもセンセーショナルなことでした。

今では、この蒔田先生のこの詩は、絵本にもなっていますよね。

K小学校では、この詩を全校朗読詩として取り上げて、全校集会や学年の集まりで事あるごとに、朗読するのです。もともとこの詩は、かなり長い詩です。一度や二度読んだだけでは到底覚えられません。でも小学生はすごい力があるのですね。この長い詩を暗唱して朗読することにも挑戦するのです。K小学校の体育館に、「教室はまちがうところだ、そんな教室つくろうや」という朗読の大きな声がひびき渡ります。

K小学校の先生方は、「答えが合っているか、まちがっているか」を問題にする授業をしません。「やろうとして挑戦することを大事にする」教育をしたいなと、ずっとずっと考えてきました。まちがえたときに、笑い声の起きる教室を断じて許しません。その子どもの健気ながんばりを称賛することを第一にしているのです。

K小学校の廊下や渡り廊下には、この詩の一部が、黒々と達筆な筆で描かれています。学校全体の学び舎が、子どもたちや教師たちに、「私たちは、たくさんまちがえてかしこくなるのだよ」と呼びかけているようです。その子が一生懸命がんばったことを認めていく姿勢を、崩さないようにしているのですね。

全校朗読は、あるときは学年単位で、あるときは全校で行われます。そんな取り組みが、子どもたちにとって居心地のよい学校にしているように、私には思えました。

2 「明日の授業の板書づくり」を語り合う夕べ

K小学校では、夕刻迫る教室で、一人二人集まった教師たちが、黒板を前にして語り合う光景がよく見られます。いや、私は実際には見ていません。見ていませんが、それがK小学校の風物詩になっていることをずっと知っています。

私たちは公開授業をする場合、まずは「学習指導案」なるものを作ります。それを作ると公開授業の準備ができたと思いがちになるのです。ところが、K小学校は少し違います。「学習指導案」を作ることよりも重視していることがあるのです。

それは、「明日の授業の板書」づくりを語り合うことです。明日の授業を終えたとき、どんな板書に仕上がっているだろうか、それをあれこれ子どもの意識を探りながら、想定していくのです。三々五々集まってきた教師たちが、子どもの立場に立って「こんな意見も出るかもしれないよ」「こちらへ話題が広がっていくかもしれない」と模索していきます。

それは授業する教師が、独りで考えているのとはまったく違った多様な考えを、授業者に想定させていくことになるのです。六年生の歴史の授業で、「鎌倉武士のやかた」の絵図を見ながら、「子どもたちが、どんなところにこだわりながら、この資料から事実を見つけ、思いを語るか」を語っていたときです。馬に乗って弓の練習をする人、寝殿造りとは異なる茅葺《かやぶき》の粗末な家屋敷、堀で囲まれた家、門番のいる見張り台などなどを見つけてくるだろうと語り合っていました。

そんなとき、一人の教師が、堀の外で田植えをしている人たちが、農民なのか、それとも武士なのかを問題にしてきました。概念的なことを言えば、それは「武士」です。半農半武の鎌倉社会を思うとき、その田植えをしている人を取り上げることこそ、「武士のくらし」を考えることになるのではないか、と、そんな意見で盛り上がったものの、果たして、そんなところに子どもたちの視線がいくか、そんなことも話題になりました。

ただ、こういう雑談的な議論の仕方を、掲げられた絵図に板書を加える想定作業を通して、教師は予期しない子どもの出方に、少しずつ落ち着いて対応することができるようになるのでした。

あるときは国語の授業で、あるときは理科の授業で、そんな営みが繰り返されていくのでした。それは「授業者である教師に都合のよい授業を展開するにはどうしたらいいか」というような、教師中心のご都合主義の授業の模索ではなくて、子どもの多様な考えを生かす教師の力量向上につながる営みであったのです。それは孤独な授業者の営みではなく、K小学校の同僚性に支えられた営みであったのでした。

3 「授業参加」する教師たち

万年先生の授業風景の紹介の中でも記しましたが、この学校で、いつ頃から始まったのか、はっきり私は知りませんが、学年の教師が授業をするとき、それが公開授業であるかどうかに関係なく、同じ学年の教師が中心になって、その授業を進めるために、手助けしたり応援したりすることをしています。授業を「参観」するだけではなく、メインティーチャーに対して、サブの役割を果たしているのです。そこには、約束事があるわけではありません。授業者の先生が、「A先生、私はここでこのことを子どもたちに考えてもらいたいなと思うけれど、どうでしょうか」と子どもたちと授業をやっている最中に、参観している教師に問うのです。

それは一見、子どもの立場から見ると、自分の担任の先生が授業の進め方について、他の先生に知恵を借りている光景として映り、子どもたちが、自分の授業をしている担任の先生を軽蔑するのでは、という心配もないではありません。しかし、K小学校では、そんな危惧はまったく当てはまりません。「それだけ先生も真剣なんだ！」とかえって子どもたちは、担任の先生の姿勢に心打たれます。

さらに、授業者である先生が援助を求めなくても、参観している他の学級の教師が、子どもたちの動きを見ていて、

「今、みんながこのことを何で考えるように先生が指示しているか、わかる？」

「みんなの音読がひびいているよ。すごいよ」

「誰々クンは、そのことについてどう考えているのかなあ、私は聴きたいなあ。担任の先生どうでしょうか」

と積極的に授業に介入して行く場合もあります。

このような動きは、K小学校のどこの教室、どこの学年でも見られる光景ではまだまだありません。でもそういう動きが学年体制の中で、あるいは、一部の教師の間で共有化されてきている事実は厳然としてあります。授業参観する教師が、「授業をただ傍観している」姿勢ではなくて、「一緒にこの授業を創ることに加わり、応援している」のです。

それはやはり、前にも記しましたが、このK小学校の教師たちの同僚性に負うところが大です。子どもたちと一緒に授業をする目の前で、教師同士が真剣に授業に向き合っているということです。そんな姿勢は、幼い子どもたちにも敏感に伝わっていきます。

4　記録ノートの蓄積

K小学校の先生方は、自分が日常的に実践活動をしているときに、何でもメモする、何でも貼り付ける、ノートを持っています。私はたびたびK小学校の先生方のノートを見る機会を与えられました。ある教師は、「日々の授業の板書写真」がぎっしり添付されていて、そこにその板書の仕方や意義について、コメントが書かれているのです。またある教師は、子どもの考えや記録の累積がなされているノートもあります。またある教師は、何でもかんでも、あらゆる雑多な記録が、その教師にしかわからないような形で添付されたり添え書きされたりしているのです。

教師の仕事は、無形な仕事です。ほんとうに力量をアップするためには、意識してそういう日常的な精進を自分に課していく姿勢がないと、なかなかできません。立派な体系的な論文を書いたり、記録化を図ったりすることも重要な取り組みですが、やはり手軽にできて、いつでもどこでも、活用できるノートの存在は、K小学校の教師たちの力量アップに大いなる貢献を果たしています。

5　教育実践の日常化をめざす

私が、このK小学校に長くかかわることができたのは、このK小学校が校長さんや教頭さんに引っ張られて動いてきた経営形態ではなかったということでしょうか。前にも記したように、初期の頃の教師たちの貢献度や指導力は秀逸のものがありました。しかし、それだけでは長続きしてこなかったと思うのです。

それが長続きしてきたのは、この職場の教師たちの「いい授業がしたい」「子どもたちがかしこくなることが歓びだ」「あの子があんなことを発言できるようになってきた！」というささやかであっても、本質的な願いが、地道につながってきたことだと思います。

「教育実践は非日常的な取り組みからは生まれにくい」と、かねがね私は思ってきました。もちろんときには、大いなる希望をかかげて挑むことも大事なことです。しかし、毎日の授業を含めた実践のサイクルが、心地よく回転するためには、職員室が、授業や子どものことを語る場であり、互いに聴き手になったり話し手になったりする「日常性」「同僚性」がなくては、動きません。

私にとって、このK小学校は、「学校の教師集団がどういう営みをしていけば、ほんとうの経営体になっていくのか」を実践的に考えさせてくれる大事な学校になっています。

6

管理職こそ授業実践のリーダー

●「校長先生は、今では授業を毎日毎日、時間を見つけて参観に行かれます」

1　授業名人活用事業

数年前、県教委主管の事業で「授業名人活用事業」なるものが、行われていました。退職者の中で、比較的授業に関心を持っていた人に「授業づくりのアドバイザーをお願いしたい」という趣旨で始まったのです。

年間三〇回程度、その指定を受けた学校に訪問して授業指導、学級経営を中心に教師の相談・指導に当たるという事業です。団塊の世代が学校現場から去って、新任教師を大量に採用する事にもあわせて、授業技術や学級経営のノウハウを学ぶ機会にするものです。私もある中学校から、その趣旨に則ってアドバイザーとして招請されました。

その中学校は学年三クラスの中学校で、言えば、比較的小規模に属する学校でしょうか。

生徒たちは落ち着いている雰囲気でした。あいさつもしっかりできるし、言葉遣いにも落ち着きが感じられます。私は土屋校長先生に「先生、落ち着いて、いい雰囲気ですね」と申し上げました。「いやあ、実はこの学校の生徒は、農村部で素朴ですが、不登校が多いのですよ」「それに、教師の層が年齢層の高い者と、まだ新任同然の者と二極化していて、なかなかバランスが悪いのです」と、その実情を語ってくれました。

土屋校長先生と話していて痛感したことは、生徒の名前を実によく知っていることでした。そのことを私がほめると、「まあ朝の登校でのあいさつ活動や授業中にも少しずつ教室に顔を出します」と謙遜して言われます。「私は校長先生が、生徒の名前をスラスラ言える人をあまり知りません」と私。土屋校長先生は、顔を赤らめながら、「何しろ授業や学級経営の粗雑さが目立ちます。そんなことで先生にお世話になって、勉強を教師たちにしてもらいたいと思います」と言われました。

2 「しろうとの目」でおかしければ、やはりおかしい

こういう事業の指定を学校が受けると、とかくアドバイザーの者に、「指導を丸投げ」することが、しばしば見られます。研究を委嘱された指定校でも、校長をはじめ管理職は、その指導にほとんどタッチすることなく、アドバイザー（講師）任せになっている学校が多々見受けられます。私はそのことにかなりの疑義を感じていました。その学校を背負っている管理職こそが、その学校の教師

たちと結束して、学校の経営にあたるべきだと思うからです。

企業でも、どんな仕事でもトップに立つ人が、その事業のノウハウを熟知して、指導監督責任を全うするのではないでしょうか。

ところが、学校は不思議なところで、研究指定を受けたり、このような名人事業の委嘱を受けたりすると、「アドバイザー（講師）を選定すること」までが管理職の仕事で、あとはお任せ主義になっているのです。

私は土屋校長に、その話をしました。「校長先生には、先生の願いやこの学校にかける夢があると思います。それを先生の力でやってほしいと思います。私はその後方に控えた応援部隊です」と。

それに対して土屋校長さんは、びっくりしたような顔で「いや、前田先生は授業や学級経営の識見が深くて、先生に采配をふるってほしいと思っています」と言われました。

私は「お言葉を返すようですが、この学校は、土屋校長先生の学校です。だから先生がまず陣頭指揮を執るべきです。それで私はサポートすることに尽力しますから」と話したのです。

「前田先生のお言葉はよくわかりますが、何せ私は授業のことも学級経営のこともしっかり勉強してこなかったので……」と土屋校長先生は話されます。押し問答のようなことになりました。

私は最後に言いました。「土屋校長先生、授業技術や学級経営にはそれなりにノウハウはあるでしょうね。でももっと大事なことは、『しろうとの目』ですよ。しろうとの目でおかしいことだなと思うことは、やっぱりおかしいのです。それは生徒目線であり、保護者目線です。数学は専門外だとか体育は苦手だ、ではなくて、そういう専門外ではあっても、その『しろうと目線』で見て、変だなと思ったら、生徒も保護者も変だなと思っていると考えていいと思います。だから、思い切って先生の采配でやってみてください」と。

そうやって出発したこの学校とのかかわりでした。

3　学校づくりへの愛着が高まる

「前田先生、校長先生が張り切ってみえますから、私たちもボヤボヤしておれません」教頭先生の話です。

「校長先生は、今では授業を毎日毎日、時間を見つけて参観に行かれます」「それだけではなくて、職員室でも教職員と実に雑談や相談事、あるいは教師たちに校長さんが教えてもらっているのですね。なんだか学校がとっても心地よい緊張感と活気に満ちてきました」と。私はその話を行くたびに聴くようになりました。そして、聴く度合いが高まることを、たいへんうれしく思いました。

夏休みのことです。二学期以降の授業の構想を話し合うときに、「前田先生、先生方の構想について私がまず切り出しの話をさせてもらいます。前田先生は、私の足らないことやまちがいがあったら訂正してください」と土屋校長先生が言われたのです。「先生、それですよ、そうやってください」と私は絶賛しました。

夏休みに現職教育研修で二学期以降の授業の勉強をするときに、校長さんは、教頭さん、教務主任さんにも同席してもらって、授業者当人の教師と懇談するスタイルをとったのです。

校長さんの手持ちの資料には真っ赤に書き込みがしてあります。それだけで土屋校長さんが、どれほど熱心に勉強されているかがわかります。符箋もいっぱいです。

土屋校長さんは、「私はなんだか先生方と一緒に授業を創っていくおもしろさを感じてきました。日頃授業を参観していても、自分ならばどうするとハラハラしながら、見ているのです」と言われました。私はここにきて、土屋校長さんの「学校づくりへの愛着」が急速に高まってきたことを実感として思ったことでした。うれしいアドバイザーの仕事でした。

4 引き継がれていく指導姿勢

私は、その中学校へいまだに招かれて行っています。あの授業名人事業が行われてから、かれこれ五年の歳月が流れています。土屋校長さんもすでに退職されました。

しかし、土屋校長先生の播かれたタネがしっかりと芽吹いているのです。今では、教頭さんも教務主任さんも新しく赴任してこられた校長さんも、同じように「指導性」を発揮されているのです。

何よりも、授業だけではなくて、教頭さんや教務主任さんから、その教師の授業でのよさや問題点が語られるのです。それはふだんから、教師たちとかかわっていないと見抜けないことです。当たり前のことと言えば当たり前のことですが、職場で働く教師たちの一番の理解者が、その学校の四役であることは、とても重要なリーダーシップの発揮の視点です。

「U先生は、ずいぶん授業に関心を持って動くことができるようになってきています。ふだんから、授業に工夫をこらそうとしているのです。だから生徒たちも動きが違います」とうれしそうに語る教頭先生の目線が、頼もしい限りです。

あの夏休みに二学期以降の授業構想について土屋校長さんが始められた勉強スタイルは維持されているばかりか、今では、私がお邪魔したときに、まずは、教頭先生がその授業についての口火を切って語られます。その話しぶりは決して高圧的であるとか、上から目線ではありません。

むしろ気さくな語り口で、それだからこそ協議会も和気あいあいになります。大笑いが起きたり、率直な刺激的な発言も飛び出したり……ほんとうに学校の職場の雰囲気が変わってきています。

「校長先生、この学校では、生産活動で言えば、拡大再生産体制になっていますよ。講師である私に丸投げされていません。むしろ私は脇役ですから。それがいいのです。講師任せの動かし方をしていると、学校としては、その講師がいないときは、切磋琢磨になりません。それでは縮小再生産になります」とお話ししたことでした。

5　教科の壁を越えて

中学校の授業協議会ですと、とかく他教科の教師は言いたいことがあっても、言いません。他教科の指導の仕方に口出しすることは、タブーになっているのです。この中学校もはじめの頃はそんな空気が流れていました。でも今は違います。

誰かが授業公開をして、協議会を行うと、率先して他教科の教師が発言します。その発言が実に新鮮です。ある教師は、「私の授業では動こうとしていなかったO君が、あんなにも活発な表情をしているとは驚きました。逆にMさんがうつむき加減でアイコンタクトができていないことは気になりました」と語ります。

「前の学年のときは、まったくだらしない振る舞いの目立ったH君が、きょうは溌剌として実験に参加していたのには驚きました。あの子があんなに目をキラキラさせているなんてうれしいですね」と前年度との比較で生徒の成長を語る姿には、学校全体で生徒を育てていく雰囲気を強く感じるようになりました。

それにしても、毎年毎年、多くの教師たちが異動で変わる学校体制を維持していくことは、なかなか難しいことです。教務主任さんは、これまでのこの学校で、みんなで確認してきた授業のノウハウや学習規律が、なし崩しになっていくことを恐れていました。

そこで教務さんは、職場のみんなに図って「N中授業実践十カ条」(注)というシンプルな形でみんなの授業実践の共通認識になる提言をしたのでした。それは、どの教科でも当てはまることです。そのことをみんなで確認しながら、行うのです。

6　N中授業実践十カ条と学校経営

その十カ条には、「授業の始め方は五分以内に離陸する」「アイコンタクトをする」「授業には具体的な実験、資料、絵などの用意をひとつはする」「授業の終わり方を意識する」「ベルタイマーの活用を図る」などなど、どこの学校でも行っているようなことでありながら、なかなか定着しないことが列記されています。

授業公開の協議会ではいつもその十カ条が確認され、お互いの意識をつないでの語り合いになっていくのでした。

そして、今年度は、その十カ条の内で、それぞれの教師が、どの条文をとくに意識して日常的な授業実践をすすめるか、決めることにしたのです。ほんとうは十カ条全部に力を入れてやるべきです。しかし、そういうパーフェクトな姿勢での取り組みは、どれも中途半端にする危険性もあります。

そんなことで、この学校では「自分にとって大事な視点を三つ、この十カ条の中から選んで意識して取り組もう」となりました。N中学校では、今、行きつ戻りつしながらも、この十カ条がみんなの意識に上り、学校経営をみんなで当事者意識になって取り組もうとする機運が高まってきています。

（注）　N中授業実践十カ条（次ページ参照）

N中 授業実践十カ条

1 「N中学習のルール 五カ条」をしっかり指導します。

・授業が終わったら，次の授業の準備をしよう。
・イスに深く腰掛け，背筋を伸ばそう。
・指名されたら，「はい」と返事をして，起立しよう。
・全員に聞こえる大きな声で発言しよう。
・発言するときは，「です」「ます」「とおもいます」をつけよう。

2 導入は短くするよう心がけ，「ねらい」をはっきりさせます。

・最初の五分で勝負します。（課題の板書，開始体制の確認，動機付け）

3 授業の中に「見つけ学習」を取り入れ，参加度を高めます。

・「調べよう」ではなく，予想させて「見つける」感動を引き出します。
・「見つけ」の内容を問いません。五感で感じ取らせます。
・見つけた中で一番大切なことを見つけさせます。

4 様々な方法で挙手発言を促し，話し合い活動を活発にします。

・一つの発言に「あなたはどう思う？」と発問をつなげ，授業を深めます。
・発言に耳を傾けるとともに学び合う姿勢を大切にします。

5 実物，写真や図などを使って，関心・意欲を高めます。

・視覚に訴え，授業というバスに乗せます。

6 発問や説明はわかりやすくし，しゃべり過ぎないようにします。

・発問は繰り返しません。
・生徒の発言を繰り返しません。

7 ベルタイマーを使って時間を意識させ，集中力を高めます。

・綿密に計算して臨みます。時間延長はしません。

8 アイコンタクトを取り，受容と称賛を心がけます。

・「すごいな」「なるほど」「そうか」ということばで受け止めます。
・じっくり励ましながら待ちます。「他に？」は言いません。

9 1時間の授業の様子がわかるような板書を心がけます。

・「授業が終わったらこんな板書になっていたらいいな」と思い描くようにします。
・三色チョークを効果的に使用します。

10 授業終了を意識し，着陸態勢に入ります。

・授業の中で一番学んだことを振り返らせます。
・明日の授業へつなげる活動をさせます。

7 授業研究のリーダーシップの苦悩と歓び

● 「やってみます。
私が裸にならないといけないのですね」

1 研究校アレルギー

今でも多くの市町の学校では、文部科学省をはじめ、県教委、市教委の指定や委嘱での研究校が存在します。それらの学校の多くは二年ないし、三年間の研究指定校となり、主題を掲げて実践的に研究するのです。

ところが、教師たちの中には、研究校になることにアレルギーを感じている人もいます。研究指定校になると、

・教職員の人間関係が、ストレスなどでこじれたり、もめごとが絶えなかったりして、不協和音が起きる。
・勤務時間が長時間で不定期になり、帰宅時間が遅くなる。

・研究のために、子どもから目が離れ、学校に荒れた状態が生まれやすくなる。
・教師の中には、体調不良になったり、家庭不和になったりで勤務に支障をきたす。

などの理由で、拒否反応を示す教師も多々いるのです。

つまり研究校は、日常的な実践活動をしているだけではなくて、どこかでかなりの無理をしなくてはならないという風潮があります。それが、多くの学校で毛嫌いされる要因でもあります。

2 孤立した研究主任、S先生

それは六月の終わりのことでした。一本の電話がかかってきたのです。「前田先生ですか。突然の電話で失礼します」と、まったく面識もなかった隣の市で小学校長を務めるN先生からの電話でした。

「実は私の学校は、来年度研究発表を控えています。私は今年の四月からこの小学校へ赴任してきました」「研究委嘱は、すでに昨年度で一年間が過ぎています。ところが遅々として研究が進んでいないのです」と困惑した電話です。

話を聴いていると、その学校には、N校長さんと一緒にS先生が赴任してきて、今年度から研究主任になったとのことでした。私はS先生をとてもよく知っていました。なかなかの実践家で、若い頃から授業実践に熱心であり、教育論文も何度も入賞している切れ者です。

ところが、N校長さんの話だと、S先生と今の職場の仲間との間に、かなりな亀裂ができているということでした。私は、それはおかしいと思いましたが、N校長さんは、「私がとりなしてもうまくいかないのです。みんなS先生を毛嫌いしているのです」と言われるのです。

私はさっそくS先生に、休みに我が家に来てもらいました。もう一〇年ほど前に、やはり別の学校で研究発表をするために実践研究をしていました。そのときS先生は若手のホープで、実に一生懸命がんばっていました。私が「もうそこまででいいよ」と言っても、まだまだがんばるのです。はつらつとしたガンバリの印象を私は強く持っていました。

ところが我が家にきたS先生は、見違えるほどやつれて見えます。それに加えて目の冴えを感じません。とっても疲れているように見えました。「どうしたのだ」と言う私の声かけに、「私はダメな人間です」とうなだれるのでした。

3　過剰な使命感

S先生の話を聴いていると、かわいそうなくらいに研究主任という立場にしばられている彼の姿が浮かび上がってきました。その学校の研究主任になってくださいという抜擢人事で、四月に赴任したのですが、彼を取り巻く周りは冷めていました。いろいろな提案をしても、受け入れる雰囲気がありません。彼はますます声を大にして言い出す始末でした。

「やらなければならない」という彼の使命感が空回りしていたのです。研究二年目での異動で、「研究主任」に抜擢されたことは、その学校にこれまでいた教職員には、「嫌な奴が来た」という印象を与えたに違いありません。だから、いくら彼が燃え立つような情熱を傾けても、それは拒絶されるばかりであったのです。

私は、彼の話を聴きながら、彼にとって今回の異動は辛い異動であったなと思ったことでした。人間的な信頼関係がないままに、職場の空気を感じないままに、彼が動かざるを得なかったことも、かわいそうなことです。それは同時に、いままでその学校にいた教職員も、違和感のある空気にさらされることであったのです。双方にとって、不幸なことであったということです。

私はS先生に、「まずは君の心の中を教師たちに語ることだと思うよ」「君の悩み苦しんでいる、苦しい辛い心のうちを語ることによって、やっとみんなにも、わかってもらえるのではないかなあ」「そのためには、会議の中での職場の仲間とのつながりではなくて、普段着の中で、雑談的に語ることだと思う」と、あれこれ事例を挙げながら、彼の表情を読んで話したのでした。

S先生は、「やってみます。私が裸にならないといけないのですね」「建前だけでのつながりではなくて、心底みんなと気持ちをつなげる努力が足りなかったと思います」と涙ぐみながらも、明るく話したのでした。

4 詫びて出発した研究実践

しばらくして、N校長さんから電話がありました。「前田先生、ありがとうございました。先生のところにS先生が行って……すぐに職員会議の冒頭で、S先生がみんなに謝ったのですよ。『ぼくが拙速にことを進めようとして、みなさんの気持ちを腐らせてしまった』と、S先生が涙ながらに詫びたのです。

みんなは突然のことでびっくりしましたが、S先生の心意にふれてもらい泣きする人も出てきました。そのあと、教頭さんが、『S先生も苦しかったし、みなさんも苦しかった……それは、教頭である私の怠慢さにも大きな責任があります』と言われました。私も教頭さんに続いて、謝りました。みんなの尻を叩くだけで、何も心にかけず、気持ち良く仕事をする職場にしてこなかった責任を懺悔《ざんげ》しました」

私はよかったなあと思いました。「そうか、S先生はみんなの前で自分の至らなさを詫びたのか。さすがだ、さすがS先生は並みの教師ではない」と思ったことでした。

「前田先生、私はいままで先頭に立って走らないといけない、叱咤激励してみんなを引っ張っていかないといけないとばかり思っていました」「そうではないのですね。むしろみんなは私が新たな押しつけのような提案をするたびに、焦りと不安の中に陥れられていったのですね。苦しかったのはみんなのほうです」「誰が今は一番困っているのか、誰が焦りを感じたり不安を感じたりして困っているのか。それを察知して動くことが研究主任の仕事だとやっとわかりました」

ふたたび我が家を訪れて語るS先生の晴れやかな顔を見て、一山も二山も越えて成長したS先生のすごさを感じたことでした。

「S先生、学級経営をしていても、先生はできる子、やれる子ばかりを目に入れていたら、本来の学級経営からは程遠いですよね。やれない子、できない子に共感して寄り添ってこそ、担任教師ですよね。研究主任もそういう意味で、苦しんでいる教師に目のいく立場に立つことですね。先生、もう研究実践の大きな山を越えたようなものですよ」

私は、心から「よかった、よかった」と安堵したことでした。

5　率先しての授業公開

研究主任は、「指図する立場ではないのだ」と改めてS先生は思うのでした。「自らが泥をかぶる覚悟をしなくては、何も始まらない」と自覚したのです。

まずは、S先生が自ら授業を実践的にするためにも、「公開」して、みんなで考えを共有する機会をつくりたいと考えたのです。二学期も押し迫った時期に彼は授業公開をしました。彼はそれまでに私と語り合って、その学校の研究主題をどう具現化する授業をするか、悩みました。そこでも一番考えたのは、多くの教師が少し無理してがんばることができれば、達成可能な目標値にしました。日常的に行っている授業の「ワザ」を、学級づくりにマッチングさせながら、築いていったのです。

彼は当日の指導案に、その学級づくりと授業づくりをどうマッチングしてきたか、という「悪戦苦闘記」を記録化して載せたのです。

当日の授業は、彼の担任する四年生の子どもを相手に、道徳の授業で行いました。

当日の授業は、学級づくりの成果を土台にしながら、多くの子どもたちの「学び合い」を感じさせるに十分な手ごたえを参観者に与えました。職場の教師たちは、S先生の綴った「悪戦苦闘記」を積極的にひもとき、S先生を囲んで授業づくりの雑談会が行われるようになっていったのです。

「どうしたら、S先生の学級のような全員参加の授業になるか」「子どもたちが、語り合う、聴き合う姿勢を意識して行っている。あんな授業にするには、何を心がけていくべきか」次から次へと質問が飛びかい、まさに職場の仲間に「囲まれるS先生」になっていったのでした。

私は「応援した甲斐があったな」と安堵しました。彼が赤裸々に綴った「悪戦苦闘記」が、職場の仲間でのバイブルの役割を果たすのに時間はかかりませんでした。

6　連帯感があってこそ、学校経営と言える

教師になった人ならば、誰しも初心は熱いものです。ところが、その初心が風化していくこともまたよくある悲劇です。みんなみんな教師は、いい学級経営をしたい、いい授業がしたいと願って

います。

たとえどんなにいい考えでも、みんなが思い思いにやっているのでは、『我流の実践』の集まりになります。ほんとうの意味で学校経営になりません。

そのようなことを考えると、「研究指定校」は、多くの困難な山坂があるものの、学校が一体感のある実践主体になることのできるチャンスです。でもそれは、きれいごとで達成されるほど簡単なことではありません。失敗や挫折、絶望を味わって、やっとたどり着く境地です。

S先生は、今は連帯感の高まりの中にいる自分を感じています。振り返れば、なんとその道の険しかったことか、落ち込んだり眠れなかったり、……それはそれは厳しい試練でした。しかし、S先生は思うのです。きれいごとでは片付かない悪戦苦闘や試行錯誤、挫折や失敗のどの一つが欠けても、今の自分の味わっている境地には達し得なかったと。

私はそんなS先生の懐古談をまぶしいまなざしで眺めさせてもらったことでした。

8 人材の生きる学校経営

●「これでは熊谷先生の持ち味が生かせない」

1 熊谷先生の評判

熊谷先生は一介の担任教師です。熊谷先生が、今の学校へ赴任してきて、もう五年目を迎えていました。

彼女は、教師として、優れた実践をしていることで、学区内の評判はすごいものがありました。「熊谷先生が担任すると、どんな子どもさんも必ず大きく変わる」ということです。それは決して大仰なことばではなくて、ほんとうに変わるのです。荒れて誰も持ち手のなかった学年を担当しても、年度の終わりには見違えるような子どもたち、学級が育っていくのでした。

熊谷先生の偉いなと思うことは、決してそのことを鼻にかけません。むしろ、「私は子どもたちに助けられて、授業をどうにかこうにかしているのですよ」と謙遜しています。そんな謙虚な態度ですから、職場の同僚も、何か授業や学級経営で困っていると、彼女に相談を持ちかけます。彼女は決して嫌な顔をすることなく、真剣に相談に乗るのでした。

N校長先生は、そんな熊谷先生を、単なる担任としておくにはもったいないと思っていました。「なんとかして将来の管理職の道に進ませてあげたい」と思ったのです。

2　研究発表会での熊谷先生

ちょうどその年、熊谷先生の勤務する学校では、市の委嘱で研究発表会をすることになっていました。

私はN校長先生の要請もあって、その学校にかかわるようになったのです。

熊谷先生は当然のように研究主任として、職場の仲間と実践を研鑽していました。自分も六年生の担任でありながら、他の教師の教室を訪ねて参観しては、若手の教師のよき相談相手になっていました。自分の教室へ、同じ職場の教師たちを招いて授業参観をしてもらって……あるときは、その教師の学級の子どもたちを引き連れて、熊谷先生の教室へ授業参観に来たりしていました。

普通そういうことをすると鼻もちならないということで、敬遠されがちになるものですが、熊谷先生の人柄でしょうか、みんなみんな「熊谷先生に学びたい」「授業をまねたい」ということで、熊谷先生の周りには、いつもいつも人垣ができるのでした。いつの間にか、熊谷先生の実践のすごさを形容して「熊谷先生マジック」ということばが生まれたほどでした。

私が参観する授業も、その多くは研究主任である熊谷先生の指導が入っています。私に何でも助言指導を丸投げしてきません。むしろ、私などはいなくても、十分に熊谷先生を軸に、実践活動は軌道に乗っていくのです。熊谷先生は、ただ公開する授業だけの指導助言をするのではなくて、学級づくりや、授業を成立させるための学習規律（挙手の仕方、話し合い聴き合いのルール、授業の終わり方など）、学習方法（「見つけ学習」の仕方、ノートの書き方、発言の仕方など）を実に具体的に、仲間に伝授します。

仲間の教師たちは、熊谷先生の学級の見本があります。その見本を見ながら、熊谷先生の授業づくり、学級づくりの知恵やワザを学ぶのでした。

その年の研究発表会当日の熊谷学級は、もう人の入り込む余地のないほど、満員盛況での授業公開でした。多くの参観者を感動のるつぼに浸らせて終えたのです。

3　授業の「番人」としての教務主任の仕事

翌年の人事で、熊谷先生は校務主任に登用されました。その年も研究主任との兼任でたいへんでしたが、多くの仲間の支えで、がんばりました。そして次の年には、教務主任になったのです。

熊谷先生は、校務主任になったときはまだしも、教務主任になったときは、大きな試練になりました。いままでは、自分の学級を通して職場の仲間と学び合ってきただけに、熊谷先生には戸惑いがありました。自分の基盤になる学級がなくなったのです。それに加えて、教務主任という仕事が、いかに書類の山に埋もれる仕事であるかも、身をもって知ったのです。「私には合わない仕事です」熊谷先生は弱音をN校長さんにときどき言いました。N校長さんも熊谷先生が、書類の整理や作成に追われているのでは、教務主任にした意図が崩れてしまいます。

教務主任は、よく「授業の番人」と呼称されます。しかし現実は、事務屋のようなまさに書類の整理、作成報告などで、忙殺されてしまうのです。「これでは熊谷先生の持ち味が生かせない」N校長はそう判断して、思い切って熊谷先生の教務主任としての仕事を半減すべく校務分掌の改革を断行しました。年度の途中ではあったのですが、そこは思い切っての決断でした。

それからの熊谷先生は、毎日毎日日課の半分以上を各教師の教室で過ごすことになったのです。それぞれの教師の授業を参観して、その教師の相談相手に徹したのでした。熊谷先生は生気を取り戻していきました。

私はこの学校にかかわりながら、熊谷先生の卓抜した授業実践力にも感服しました。しかし、そのこと以上に、N校長さんの的確な判断と実行力にも感動したのです。N校長さんのような素早い動きと実践力は、なかなか発揮できるものではありません。教師の持ち味を十分発揮させることは、管理職であるリーダーが第一に心得るべきことであると、強く思ったことでした。

4 適材適所の人事こそ、学校の活性化になる

熊谷先生を教務主任に登用しただけでは、学校は機能しなかったと思います。そこに、N校長先生の「適材適所を見抜いた人事運用」があったからこそ、熊谷先生も生かされ、学校も活性化していったのです。

私は思います。「学校の営業は授業だ」と。学校には四役という校長さんを中心にしたリーダーがいます。そのリーダーの使命は、授業で成果をあげること、授業で子どもたちが伸びることでしょう。そのために職場の人材を適材適所に配置しながら、学校経営をしていかなくてはなりません。

9

地にどっかと根を張った学校経営

●「みんな勝手勝手に授業をやっていたのでは、子どもたちは戸惑うばかりです」

1　ゴールデンウィーク明けのベテラン教師の研究授業

私がその中学校へ行って、授業参観をしたのは、ゴールデンウイークも明けて数日した頃でした。まだ新学期が始まって日が浅いうえに、大型連休のあとのことです。普通の学校では、こういう時期に研究授業をすることは、まずありません。子どもたちが休みボケをしていたり、新学期早々で育っていなかったりするから、みんな授業公開をしたがりません。それは、もっともなことです。

ところが、この中学校では、それをやってのけたのです。

私がその学校を訪問すると、内田校長先生が出迎えてくださいました。その日の授業公開の教師たちが、その学校のベテラン教師で、しかも三年生の子どもたちの授業であることに、私はとっても驚きました。

一般的に研究授業を小中学校で行う場合、まず若手のどちらかというと「これから伸びなければいけない」という教師が多く、それに研究授業としては、中学校では三年生はあまりしないで、一年生や二年生が多いのです。

そのことを申し上げると、内田校長先生は、「そうですね。そうかもしれません。でも、たとえば、中学校でこの時期の一年生は、『この学校の作品』ではありません。それは小学校から入学してきたばかりで、まだまだ慣れてもいませんし、指導も行き届いていません。そういう意味で、三年生こそが私たちの功罪そのものを表した作品です」「同じように、教職員もベテランはこういう研究授業を辞退することが多く、若手に体裁よく押し付けるのが一般的です。でも若手もやはりこの学校で、まだまだ苦楽を共にしてきた仲ではありません。これまでこの学校を支えてきたと言われる教師、この学校に長くいるベテラン教師の中に、この学校の良さも問題点も詰まっています。だから、それを前田先生に参観していただいて、指導助言をいただきたいのです」私は、内田校長さんが、きっぱり言われることに圧倒されるような感動を覚えたのでした。

2 研鑽の中心にいつもベテラン教師がいること

その日の授業は、三つの授業が公開されました。学年主任級のベテラン教師の授業公開です。まずは、五〇代の女性教師の国語でした。中学校三年生ともなると、めっきり発言する姿勢も弱くなってきます。いきおい授業構成がプリント学習のような受け身の学習に終始するのです。

ところが、その国語の授業は、古典の教材を読み深める、まさに真骨頂の授業でした。子どもたちも三年生でありながら、きちんと顔をあげて音読したり、話し合いをしたりしながら、深めようとしています。何よりも挙手する手の上げ方が、ピンと伸びています。授業者の教師も、明るい表情が安心感を表出しているのです。音読の声もか細い声ではなく、精いっぱい、がんばって読みあげている感じです。

次の授業は数学の授業。これも少人数の学習形式ではありましたが、いまどき言われる習熟度別ではなくて、均質割の片方のクラスを担当した授業で、能力差をむしろ積極的に生かす授業でした。図形の授業でしたが、それだけに見応えある授業でした。図形の授業でしたが、電子黒板を駆使してのわかりやすい表現方法を求めている授業になっています。

三時間目の授業は英語の授業。この授業がまた見事な味を出しているのです。リズム感があって、テンポのある授業です。まさに「ラーニング」する授業の要素をたっぷり含んでいました。子どもたちのスピーキングも、国語の音読に負けない声量のある表現に驚かされました。

私はその日の授業後の協議会で、「きょうの授業公開にかける本校の姿勢に、大いに共感しました」と、ベテランが機関車になって、しかもその学校に長くいる教師が手本になって、若手や異動してきたばかりの教師に見本を見せている教師集団の姿勢を絶賛しました。

校長さんは、「先生に当たり前のことをほめていただいて恐縮です。でもたいへん心強い応援を得た気持ちになりました。ありがとうございました」と言われたのでした。

3 若手の授業を支えるベテラン教師たち

私はその学校に、二学期に二回さらに授業参観に行きました。校長さんの言われたとおり、二回目は二年生の授業、三回目は一年生の授業でした。しかも、最後の授業公開は、今年度この学校に赴任してきた若手を中心にした公開だったのです。

この学校は、実質的にベテラン教師が、若手の手本になっています。日常生活の中での在り方も、ベテランの指導を受けながら、若手が精進していくことが、当たり前になっているのでした。

そんなことは、当然のことであると言えるかもしれません。しかし、現実の多くの学校では、なかなか「指導・助言」が校内できちんと継続的に行われにくい雰囲気があります。

今、管理職についている教師のみなさんは、「わしらはよく先輩教師に酒の飲み方から、子どもたちの扱い方まで教えてもらった。いや、教えてもらったと言うよりも、叱られたもんだ。先輩教師の怖かったこと、怖かったこと、思い出すたびに、震えがきたものだ」と懐かしむように言われます。

「わしらが今どうにかこうにか、教師をしておられるのもそんな厳しさがあったからだ」と。

では、その管理職にある先生方は、今の若手をそのように導いているのでしょうか。どうも私にはそういう姿勢を感じません。むしろ「○○研修会」に委託したり、初任者指導員にお任せしたり……職場の先輩後輩の中で、切磋琢磨する雰囲気が弱くなっているように思います。

それは先輩に問題があるのか、後輩に問題があるのか、はたまた雑務を含めての仕事の多忙化が、そういう「指導の時間や場」を奪ってしまったのか、そこは定かではありません。

はっきり言えることは、今回私が訪問した学校は、私も指導助言に加わっていますが、少なくともベテランは若手に率先垂範していることは事実でした。

4 厳しさこそ、よき教師への道

この学校も中学校としては、やや小規模に属するような学年三学級の学校です。このくらいの規模の学校ですと各教科の教師は二名ないし三名がせいぜいです。ことによったら、自分だけがその教科を担当するという教師も教科によってはありうることです。

中学校は「教科の壁が高い」ことは、前にも書いたことがあります。ほんとうに高いのです。そうなると若手が「学びの先輩」を見つけたくとも見つからない学校もあります。

この中学校では、「教科の壁」は取っ払われていました。「学年体制」が基準になっています。学年主任を中心にして、ベテラン教師は、若手にその学年の経営のよき仲間になってもらわなくてはなりません。若手が育たなくては、この難局は乗り切れないのです。

「この学校の学年主任はなかなか厳しいですよ。若手にはつらい日々かもしれません。でもその厳しさが今教師の世界にも希少価値になってきているように思うのです」「私は、ベテラン教師には、若手を育てることのできないような先輩教師になるなと言っています。それだけに先輩教師もうかうかしてはおれないのです」内田校長さんは、今のこの学校の現状を話しながら、そう言われました。

「外部からできる教師、やれる教師を異動で受け入れる時代ではありません。そんなことは期待もできません。だとしたら、この職場で切磋琢磨して若手に伸びてもらわなくてはなりません。ベテランも昔ながらの我流の授業に縛られているようでは成果は到底問えません」

その三回の公開を訪問しながら、私は校長さんの軸をぶらさない学校経営への厳しさと、中学校教育のやりがいを強烈に教えられた気持ちになりました。何よりも、その学校の教師同士が、「互いに学び合おう」「子どもたちこそ自分たちの仕事の結果を示している」という、厳然とした校長の願いである「事実づくり」を、しっかり受け止めていると見えました。

5　新年度の出発に託す

「私の学校では、新年度、子どもたちがまだ登校してこない段階での『学年研修』を大事にして、意識して時間を確保しています」「郷に入れば郷に従えということばもありますね。それゆえ、異動してきた教師や新任教師には、自分なりの考えや実践経験があるかもしれませんが、私の学校の『学年研修』は、それを否定するような荒療治かもしれません。しかし、一人ひとりの教師がバラバラで教育にあたることは許されません。それだけにこの四月が長い長い一カ月になります」と校長先生は厳しいまなざしでお話しされました。

私たち教師は、誰しも「授業は大切だ」と認識しているはずです。ところが授業について研鑽するときになると、ベテランは、後輩に下駄を預けて知らん顔、中学校も三年生は受験対策もあって、教え込み中心の詰め込み教育で、とても研究授業の公開どころではない、という現実があります。そんな中で、内田校長さんの学校経営の在り方は、きわめて明白で当たり前のことを当たり前のように、きちんと実践するというものでした。

「私たちには、授業技術を先輩から後輩へ伝えていく責任があります」

「この学校に来たら、どの教師も自分のやり方をひとまず置いておいて、この学校の経営の戦線に加わってほしいのです。そのためには、この学校ではどういう授業をどういう姿勢で行っているか、はっきりと具体的に後輩や赴任してきた教師に診てもらう必要があります」「みんな勝手勝手に授業をやっていたのでは、子どもたちは戸惑うばかりです。先生たちも力を合わせてやってくださっているんだなあと、子どもにしみ込ませてこそ、教育成果につながり、人間教育になっていくと思うのです」

さわやかに語る内田先生の考えに、私自身、身の引き締まる思いで、この学校を後にしたのでした。

新年度になると、内田校長さんの学校では、そんな出発の「学年研修」が基盤になりながら、学校経営の船出がなされていることでしょう。

エピローグ　「教師としての知恵と自覚と、そして使命感」に学ぶ

私も、退職して、丸八年間が過ぎました。大学で「教育方法」「学級経営」の授業をする一方で、毎年あっちこっちの学校から、お招きをいただいてきました。延べ回数は、すでに一〇〇〇回を超えたでしょうか。それは「招かれる」という機会を与えてくださったこともさることながら、元気でこの八年間「学校行脚」できたことの「幸せ」をしみじみ感じます。

はじめの頃は、私にもいささかの気負いがあったでしょうか。「指導・助言」などと、おこがましいことを気取ってやっていたことだったと、反省するばかりです。今は、学校の置かれた困難な状況に、「よくぞ先生方、がんばってくださっている！」と思う気持ちのほうが、はるかに強いと思います。

はるか昔を思うに、私が担任教師をスタートした頃は、まだ宿直制度がありました。私の宿直の夜には、担任している子どもたちが、狭い部屋で雑魚寝をして過ごしました。

また、夜中の家庭訪問だとか言って、担任中学生の勉強ぶりを巡回して犬に追われたり、泥棒と間違えられたり……それほど生徒と教師の間には、濃密な関係がありました。

中堅教師になった頃は、「問題解決学習とは……」「問い続ける子どもの育成」などと、わけもわ

からず深夜に及ぶ議論に「授業で勝負だ！」と啖呵を切ったこともありました。そのことを今思うと冷や汗ものだと思うばかりです。

今の学校や教師を取り巻く環境は、必ずしも好条件とは言えません。忙しさと閉塞感にさいなまれて、教師一人ひとりの持ち味が発揮できぬままに、苦労をされていることでしょう。

しかし、そんな中でも、現状を真摯に受け止め、真剣に教師の仕事に汗を流している人、教師の仕事が好きで好きでたまらなくて、難しい世代の子どもたちを懸命に育てている人など、驚くべき学校、驚きくべき教師たちもいるのです。

本書は、あくまで私の出会った範囲での「優れモノの教師、健康度の高い学校」を紹介させてもらいました。記述が不十分で私の受けた大きな感動をしっかりお伝えできないもどかしさもありますが、本書を手にとってくださったみなさんの励みになったら、こんなうれしいことはありません。どうかみなさん、健康には十分留意されて、「教育実践」をたのしんでください。

最後になりましたが、本書に快く掲載の許可をしてくださった学校や教師のみなさんに深甚なる敬意と感謝のまことを捧げます。ありがとうございました。

前田勝洋

〈本書の執筆に多大な資料提供やご協力をいただいたみなさん〉

刈谷市立衣浦小学校のみなさん、岡崎市立岩津中学校のみなさん、碧南市立南中学校のみなさん、碧南市立西端中学校のみなさん、いなべ市立藤原中学校のみなさん、豊田市立小清水小学校のみなさん、みよし市立中部小学校のみなさん

青木八重子先生（挙母小）、伊倉　剛先生（朝日中）、石王美和先生（衣浦小）、鬼頭裕子先生（衣浦小）、多田かほる先生（衣浦小）、万年由佳先生（衣浦小）、熊谷めぐみ先生（大林小）、黒田愛子先生（旭北小）、外山記代子先生（浄水小）、坂元干城先生（六ツ美西部小）、松井良仁先生（挙母小）、鈴木早紀恵先生（寺部小）、山田義仁先生（城北中）、土屋利男先生（元西端中）、田中信夫先生（中部小）、西尾加代子先生（元中部小）、杉浦和文先生（元南中）、伊藤弘樹先生（藤原中）、内田義和先生（葵中）

著者紹介

前田勝洋

豊田市内に校長として勤務し，2003 年退職。大学の非常勤講師を務める傍ら，求められて小中学校現場を『学校行脚』して，教師たちと苦楽を共にしている。

著書

『教師と子どもが育つ教室』『校長になられたあなたへの手紙』『教師　あらたな自分との出会い』『校長を演ずる　校長に徹する』『授業する力をきたえる』『学級づくりの力をきたえる』『教師の実践する力をきたえる』『教師のリーダーシップ力をきたえる』他，多数。

教育《きょういく》に「希望《きぼう》」をつむぐ教師《きょうし》たち

2011年 9 月15日　初版発行

著　者	前《まえ》　田《だ》　勝《かつ》　洋《ひろ》
発行者	武　馬　久仁裕
印　刷	株式会社　太洋社
製　本	株式会社　太洋社

発　行　所　　株式会社　**黎《れい》　明《めい》　書《しょ》　房《ぼう》**

〒460-0002　名古屋市中区丸の内3-6-27　EBSビル

☎052-962-3045　FAX052-951-9065　振替・00880-1-59001

〒101-0051　東京連絡所・千代田区神田神保町1-32-2

南部ビル302号　☎03-3268-3470

落丁本·乱丁本はお取替します。　ISBN 978-4-654-01863-5